しゃべりは下手でいい！

「共感ストーリー」が心を動かす

「たった1人」に選ばれる話し方

松下公子 スピーチコンサルタント アナウンサー

standards

はじめに

「選ばれる話し方」はある
～売り込まなくても、スゴさを見せなくても、大丈夫！～

「選ばれる人になる！」

私たちは常日頃、重要な場面では必ず誰かに選ばれるか選ばれないかの局面にさらされています。ビジネスの現場では営業先やプレゼンテーション、就職・転職活動など、プライベートでは友人との交流や結婚、デートなどもそうですね。

私たちは日々、選ばれています。毎日がオーディションであり、そのためのプレゼンテーションなのです。

では、選ばれるために、どのように自分をアピールすればいいのか？

そのために重要になってくるのが、第一に「話し方、伝え方」です。

それこそ、書店には「上手な話し方」を体得するための本が、たくさん並んでいます。

世の中には快適なコミュニケーションができないことを悩んでいる方も多く、「『上手な話し方』を知りたい」というニーズも、常にあふれています。

ですが、冒頭から驚かれるようなことを書いてしまいます。

どんなに「上手な話し方」ができても、選ばれないときは選ばれません。

ここでようやくですが、自己紹介をします。

松下公子です。20年ほどアナウンサーの仕事に携わってきました。

佐渡ヶ島のケーブルテレビからスタートし、愛媛朝日テレビ、ラジオNIKKEI、そして名古屋テレビ（メ〜テレ）と、テレビ・ラジオの4局で局属のアナウンサーをしてきました。以後、フリーアナウンサーとしてはさらにいくつかの局の番組出演の経験も積みました。

２０２１年春現在は、オンラインアナウンススクールを主宰していて、多くのアナウンサー志望者の内定を成功させて、社会人の方を最短1局目、たった7日間でNHKキャスターに転職させるなどの実績を残してきました。

なんとなくイメージできるかもしれませんが、アナウンサー試験の競争率は非常に高く、1局につき1人、多くても2~3人しか採用されません。実質的な競争倍率は1000倍以上とも言われています。

ですから、多くのアナウンサー志望者がアナウンススクールで、話し方を学びます。うまく話せるように、キレイに話せるようにと、発声や活舌、腹式呼吸といったトレーニングを受けます。

でも、うまくいかない。選ばれない。

一方、多くのビジネスパーソンは、面接などの大事な場面で自分の優秀さ、スゴさをうまくアピールしないと選ばれないと思っているように感じます。

でも、無理に「スゴい自分」をアピールしなくても、あなたが「たった1人」に選ばれる方法があるとしたら?

知りたくないですか?

「たった1人」に選ばれる方法とは何なのか?

それは、選ばれたい場面で、あなただけの「共感ストーリー」を語るということです。

共感ストーリーとは、人の心を動かし、行動させるというプレゼン手法です。

本書では、私が企業研修やスピーチコンサルタントとして伝授している「選ばれる人になる方法」をまとめています。

具体的には、選ばれている人が語る共感ストーリーのつくり方や、共感ストーリーを効果的に伝える方法、相手の共感ストーリーを引き出すことで自分が話さなくても好かれてしまうノウハウなどについてお伝えしていきます。

第1章では、「なぜ、あの人は選ばれるのか?」という疑問に答える形で、多くの人が間違って認識している「選ばれる人の話し方」の常識を覆します。

第2章では、選ばれる人の共感ストーリーのつくり方について、4ステップで順を追って解説していきます。

第3章では、実践編として、共感ストーリーをつくっていくプロセスを、私のクライアントを実例として体験してもらいます。

第4章では、「見た目演出術」についてお話しします。話し方よりも前に大切なのが実は、見た目なのです。どうして見た目が大事なのか？ それを解説しつつ、主役として選ばれる人の「見た目演出術」について解説していきます。

第5章では、多くの人から寄せられる悩み、緊張しないで話す方法、初対面の相手の心をつかむ話し方について、アナウンサー直伝ノウハウをお教えします。

そして締めとなる第6章では、主役をあなたから話を聞いている相手に移して、共感ストーリーを聴くことで好かれてしまう会話術を伝授します。

この本を読んで、共感ストーリーに基づいた話し方を実践すれば、内側から揺るぎない自信が沸き、選ばれる自分になっていますよ。

では、一緒に学んでいきましょう！

松下公子

もくじ

はじめに　3

第1章　選ばれる話し方＝「共感ストーリー」とは？

1　人の心は感情でしか動かない　14
2　説明すればするほど選ばれなくなる　18
3　選ばれている人は共感ストーリーを語っている　22
4　共感ストーリーとは「あなたの過去、現在、未来」を語ること　30
5　共感ストーリーで得られる7つのメリット　33

第2章 「共感ストーリー」のつくり方 4STEP

STEP1 掘り起こす ～経験と感情を共感ストーリーグラフに書き出してみる～ 50
STEP2 ゴールからの逆算でネタを決める ～誰に伝え、どう行動してほしいのか？～ 61
STEP3 組み立てる ～原稿にして書く～ 66
STEP4 声に出して読む ～推敲～ 88
COLUMN 共感ストーリーを語る効果的な場面 90
選ばれる経営者・リーダーになる ● 理念・ビジョンスピーチ／新商品などを紹介する ● プレゼンテーション／初対面の人との出会いをつかむ ● 自己紹介／就職・転職活動で選ばれる ● 自己PR

第3章 「共感ストーリー」をつくってみる（実践編）

1 選ばれるリーダーになる「理念・ビジョンスピーチ」のつくり方 104
2 初対面の人との出会いをつかむ「共感ストーリー自己紹介」 119

第4章 選ばれる人の「見た目演出術」

1 聴き手を一瞬でつかむ「見た目」 136
2 「パッと見」の0・5秒は「色」で判断される 140
3 好感度は「チラ見せ」でつくる 145
4 顔のつくりよりも「歯を出した笑顔」が大事 149
5 デコルテ（胸）を開くだけで「ピンッと映える姿勢」になる 155

第5章 本番に強くなる！主役として堂々と伝える話し方

1 プロのアナウンサーでも緊張するときはする 162
2 即効性のある本番で緊張しない方法 168
3 名前をフルネームで伝える意味とは？ 184
4 初対面の相手を仲間にするフレーズ「私たちは」 187
5 締めは「お声がけください」でつながりをつくる 192

第6章 コミュニケーション（会話）では相手の共感ストーリーを聴き出す！

1 みんな自分の話をしたい、聴いてほしい 196

2　会話では「聞く」ではなく「聴く」　200
3　相手が気分よく話したくなる最強の相づち「それで、それで！」　206
4　話が脱線する人には「要は、〇〇ということですね？」　208
5　「そもそも、なぜ？」の問いかけで相手の共感ストーリーを引き出す　210
6　話を邪魔しない共感の合図は「黙ってゆっくり1回うなづく」　212
7　誉め言葉3つのS「すごい、さすが、素晴らしい」の頭には「〇〇さん」　214
8　アイコンタクトで伝える共感は「目を1・5倍に大きく見開く」　219
9　何度か聞いた話、知っている話でも「そうなんですね」と言う　221
10　興味がない話こそ「姿勢は前のめり」になって聴く　225
11　話が長い相手には「最後にひとつ、うかがいたいのですが」　229
おわりに　231

第1章

選ばれる話し方＝「共感ストーリー」とは？

1 人の心は感情でしか動かない

ビジネスの場において、こんなことは起こっていないでしょうか？

「理路整然とロジカルに伝えたのに、商談がまとまらなかった」
「自社のサービスのスゴさを十分に伝えたのに、プレゼンで選ばれなかった」
「商品の性能をわかりやすく伝えたのに、買ってもらえなかった」

なぜ？　正論を伝えたのに！
なぜ？　スゴさをアピールできたのに！
なぜ？　うまく話したのに！

その答えは、**ロジックや正論では人の心は動かないから**です。感情でしか、人の心を動かすことはできないのです。

オンラインによるグローバル化が進んでいる今、ビジネスのお客様は日本国内だけではなく、世界中の人まで相手にしなければならない時代へと変化しました。企業、ビジネスパーソンにとってはチャンスでもあり、一方、視点を変えると、パイが増えた分、情報の伝え方、話し方も飛躍的に多様化し、選ばれることがますます難しくなってきてもいます。

いくら自社のコンテンツや自分自身がこんなにスゴい！　とスペックの高さを強く訴えても、お客さんの心は動きません。そもそも、似たようなものは他にもたくさんあり、その差がよくわからないのですから。

ですから、習得すれば誰でもできる「ロジカルな話し方」だけでは今の時代、選ばれる要因にはならないのです。

とは言っても、私はスピーチコンサルタントとして、企業研修や講演活動を通して、「話し方」について教えています。
いったい、話し方の何を教えていると思いますか？

私は**「あり方を語る」**ことを教えています。

「あり方」とは何でしょう？
それは、**「あなたの経験と思い」**です。

「経験」は、誰のものでもない。あなただけのもの。その時に感じた思い、感情もそうです。

この経験と思いを、言葉にして語ることが、「唯一無二の存在＝あなた」だからこそ の選ばれる理由になるのです。

「自分の経験なんて、そんな語るほどの大したことでもないし……」
多くの方がそう言います。でも、大丈夫です！

私の生徒でまだ何者でもなかった20代の普通の大学生でさえ、自分ならではの経験を語ることで、大勢の中からアナウンサーとして「たった１人」に選ばれました。
あなたの経験が「大したことない」なんてことはありません

まずは、「ない」を「ある」に変えていくこと。
これが、選ばれるあなたへの第一歩となります。

話し方のポイント
1

▼上手に話しただけでは選ばれない。
▼自分の経験と思いを伝えると、「あなた」だからこその選ばれる理由になる。

2 説明すればするほど選ばれなくなる

「……話がつまらないな」

相手の話を聞いていて、そんなため息をついてしまう場面ってありませんか？

つまらなそうな顔をすると、相手は興味や関心を引き付けるために、さらに話を続ける。

いや、飽き飽きしている状況に気づいているならまだしも、話す内容をいまさら変えたくないという風情で、こちらの様子にはお構いなしで、延々と話を続けている。

これが面接やプレゼン、商談という場面だとしたら、あなたは相手やその商品、サービスをきっと、選ばないでしょう。

しかしこれを自分に置き換えるとわかることなのですが、誰でも意外と無意識にやってしまいがちなことなのです。


相手を説得させようとすると発動してしまう、それが「説明」です。


「説明」とはどういうものか？　具体的に書きましょう。

私は企業のコンサルタントとして、採用の会社説明のプレゼン指導も行っています。そこで多くの人事担当の方が自分の会社の説明を始めてしまうのです。

例えば、「弊社は創業１９７０年で、本社は東京で、社員数は２５０人です」という話を最初にしてしまう。

こんなことはたいてい、公式ホームページの会社概要に書かれているので、会社説明会に来るような意識的な就活生はすで知っている事項。今さら面前で話す内容ではありません。

就活生は「改めてそんな会社の説明を聞いても、響かないな。この会社、魅力を感じない……」となってしまいます。

また、こういう商品説明もよくあるパターン。

「こちらの美容液は、ノーベル賞受賞成分であるEGF配合がふんだんに配合されていてパラベン・フェノキシエタノール不使用、さらに香料、着色料、保存料、鉱物油フリーを実現しました」

聞き馴染みのない固有名詞まで入った成分をつらつらと並べられても、この美容液がいったいどういうものなのか、どんな価値があるのかさっぱりわかりません。

でも、私たちは大事な場面で、こういったつまらない説明をしてしまう生き物なのです。

どんなに優れた人であっても、どんなに素晴らしい商品・サービスであって聞きなれない言葉を並べるだけの説明に終始してしまったら、魅力がまったく伝わらずに終わってしまいます。

選ぶか選ばないかは、理屈ではなく、選択しなければならない場面で、ふと沸いた感情で決められます。

つまり、「話がつまらないな」と思われた瞬間に関心も一気に薄れ、選ばれなくなってしまうのです。

相手の興味を引いて、選びたいと思われるには、まず「説明をやめる」ことから始めてください。

話し方のポイント
2

▼データや数字、聞き慣れない固有名詞を並べても相手には響かない。
▼「説明をやめる」ことが、選ばれる第一歩になる。

3 選ばれている人は共感ストーリーを語っている

「でも、『説明するな』と言われても、自分の言いたいことを伝えるためには『説明する』しか手がありません。どうしたらいいのでしょうか？」

その通りです。そこで、本書で学んで実践していただきたいのが、**「共感ストーリーを語る」**ということなのです。

ストーリーとは、皆さんよくご存じの「むかし、むかし、あるところにおじいさんとおばあさんが住んでいました」といった物語形式のことです。

違うのは、共感ストーリーはそんな架空の世界の誰かの話ではなく、あなた自身の物語のことであるということです。**「共感ストーリーを語る」とは、あなた自身の**

物語を話すことで、相手を共感させるというプレゼン手法を指します。

プレゼンの名手として有名なのが、アップル創業者のスティーブ・ジョブズ。

アップルの新製品発表の場では、「１０００曲をポケットに」「今日、アップルは電話を再発明します」といったフレーズとともに、華麗なパフォーマンスで多くの人たちを惹きつけてきました。リーダーとしてのカリスマ性を放つジョブズのプレゼンは、正直、誰でもマネができるわけではありません。

しかし、２００５年に米スタンフォード大学の卒業式で行ったジョブズの卒業生に送ったスピーチ。こちらはぜひ、参考にしていただきたいものです。ジョブズは過去の生い立ちや闘病生活、そして人生のあり方を、以下のように「ストーリー」として語ったのです。

世界でもっとも優秀な大学の卒業式に同席できて光栄です。私は大学を卒業したことがありません。実のところ、今日が人生でもっとも大学卒業に近づいた日です。本日は自分が生きてきた経験から、３つの話をさせてください。たいしたことではない。たった3つです。

まずは、点と点をつなげる、ということです。

私はリード大学をたった半年で退学したのですが、本当に学校を去るまでの1年半は大学に居座り続けたのです。ではなぜ、学校をやめたのでしょうか。

私が生まれる前、生みの母は未婚の大学院生でした。母は決心し、私を養子に出すことにしたのです。母は私を産んだらぜひとも、だれかきちんと大学院を出た人に引き取ってほしいと考え、ある弁護士夫婦との養子縁組が決まったのです。ところが、この夫婦は間際になって女の子をほしいと言いだした。こうして育ての親となった私の両親のところに深夜、電話がかかってきたのです。「思いがけず、養子にできる男の子が生まれたのですが、引き取る気はありますか」と。両親は「もちろん」と答えた。生みの母は、後々、養子縁組の書類にサインするのを拒否したそうです。私の母は大卒ではないし、父に至っては高校も出ていないからです。実の母は、両親が僕を必ず大学に行かせると約束したため、数カ月後にようやくサインに応じたのです。そして17年後、私は本当に大学に通うことになった。ところが……。

（２０１１年10月９日の日本経済新聞ウェブサイトに掲載された翻訳より一部抜粋）

さて、いかがでしょう？

「え、まだ先が知りたい！」「それで、どうなるの？」と、興味や関心がかきたてられませんか？

それはジョブズ本人が、自分が伝えたいことを、自分を主人公にしたストーリーに仕立てて話しているからです。

説明はつまらない。

でも、ストーリーには興味が沸く。

そう、これが自分の経験と思いを語るという共感ストーリーの力なのです。

いま思えば、私自身もこの共感ストーリーを語ることで、「たった１人」に選ばれてきました。

アナウンサーを目指すもなかなかうまくいかず、一度は夢を諦めたこともありましたが、社会人からの転職活動で、新潟県・佐渡ヶ島にあるケーブルテレビに内定。島での生活は楽しかったけど、もっと多くの人たちに伝えていきたいという思いから、テレビ朝日系列の愛媛朝日テレビを受験しました。

最終面接まで残ったのは6人。大学のミスコンで優勝したという見た目華やかな女子たちもいて、自信に満ち溢れてまったく緊張していないような子たちが残っていました。トイレで偶然出会った受験者のひとりに「緊張しちゃいますね」と話しかけたら、「そうですか？　私は全然」と一蹴されて、「ああ、そんなこと言われるとよけい緊張しちゃう……」と、話しかけたことを後悔したものです。

そして、いよいよ最終面接。私ひとりに対し、社長や重役など、ずらりと10人は並んでいました。

「佐渡からいつ来たの？」と、ひとりの面接官から質問されました。ほかの9人の方々はというと、書類に目を通しているばかりで全員が下を向いています。どんなに一生懸命に質問に答えても、私の顔を見てくれません。

　このとき、「みんな、私に興味がないんだ」と、とても悲しい思いをしたことを、いまでも覚えています。私が答えると、質問した方がさらに重ねてきました。

「もうすでに、アナウンサーの仕事をしているのだけど、どうして今回、うちの局を受けてくれたのかな？」

「はい」私はゆっくりと話し始めました。

「私はいま、トキの取材をしているのですが」

　ちょうどその頃、関わってきた取材に関する話を始めたのです。それを聞いた瞬間、下を向いていた重役の皆さんが一斉にバッと顔を上げました。そして私の顔をじっと見てくれたのです。

　戸惑いながら、私は話を続けました
「中国からやってきた2羽のトキの存在は日本と中国の懸け橋になるという意味からも、今、島には全国からたくさんのメディアが取材にやってきています。大手の局のアナウンサーは『いま、トキは羽を広げました。ご覧いただけましたか？』などと、生中継でトキの様子を生き生きと伝えていますが、同じことは私にはできません。

なぜかというと、私がいるケーブルテレビでは生中継をする人材と設備が整っていないのです。ですが私は録画放送ではなく、生でニュースや情報を視聴者の方に伝えていきたいのです」

ただ、その当時の私が本当に思っていたことを率直にお話ししました。すると、重役のみなさんはしっかりと私の顔を見ながら、前のめりになって話を聞いてくれました。

話をしながら「あ、伝わっている……」と実感することができました。結果、私は競争率1000倍以上と言われるアナウンサー試験を突破することができたのです。

いま思えばそれは、自分の経験と思いを語る共感ストーリーの手法を、プレゼンテーションの現場で活用したはじめての瞬間でした。

ただし、共感ストーリーをつくるにも注意点があります。2点、ご説明します。

1点目は、ストーリー作成をする手間暇が必要であるということです。その場で、パッと話すアドリブとは違います。どんな場面で、どんな共感ストーリーを語ると効果的なのかをよく考えてから話しましょう。ここは事前準備が必要なところです。

2点目は共感ストーリーを語る場面は、ある程度時間をかけていいシーンに限られるということです。「いま、火事です！」というような緊急性の高い場面や対応が求められるような状況で、ゆっくりと共感ストーリーを語る時間はありません。

いずれにしても、心を動かし行動してもらうにはある程度、時間がかかるということです。ロジックを伝えるのか？　共感ストーリーを語るのか？　その場面場面で、使い分けをしていく必要があります。

もちろん本書では、順を追ってステップを踏んで細かく述べていきますので、ぜひ、トライしてつくってみてください。一度作成すれば半永久、自分だけの共感ストーリーとして使っていくことができます。

話し方のポイント 3

▼「説明」ではなく、「ストーリー」が人を引き付ける。
▼共感ストーリーで「たった1人」に選ばれることができる。

4 共感ストーリーとは「あなたの過去、現在、未来」を語ること

「でも、今まで人に興味を持ってもらえるような特別な体験もない自分に、語るに値する共感ストーリーってあるのかな？」

はい、もちろんあります。

なぜなら、**共感ストーリーというのは、あなたの「過去」「現在」「未来」を語ることだからです。**

現在のあなたは、「今のあなた」です。その「今のあなた」は、過去の経験や思いからつくられています。「過去のあなた」は「今のあなた」の原点です。

ですから、あなたがなぜ今、この仕事をしているのか？　なぜ今、ここにいるの

か？　なぜ、この商品・サービスが生まれたのか？　といった共感ストーリーの源は、過去に隠されています。**その隠された過去は、あなたの伝える力、エネルギーの元となるものです。言い換えれば、それはあなたの使命、ミッションです。**

そして「未来」は、あなたがつくり上げたい世界、いわゆるビジョンです。

イソップ童話でこんな話があります。3人のレンガ職人が忙しそうに働いていました。通りかかった旅人が3人に「あなたは、何をしているのですか？」と尋ねました。

1人目の職人は「親方に言われた通り、レンガを積んでいるんだ」と答えました。

2人目の職人は「私は生活のために働いているのです」と答えました。

3人目の職人は「私は、大聖堂を造っているのです。これで多くの人は悩みから救われ幸せになれるでしょう」と答えました。

さて、あなたはどの職人の答えに関心を抱いたでしょうか？

レンガを積むという作業を命じられたからでもなく、自分の生活のためだけにでもなく、多くの人の悩みを救い幸せにするための大聖堂をつくり上げるという、3

人目の職人が語っている話に心を掴まれたことと思います。

これが「ビジョン」を語っている、未来の共感ストーリーの力です。

「どんな未来をつくりたいのか」「どんな夢をかなえたいのか」「どんな世界に行きたいのか?」など、そんな未来(ビジョン)に人はワクワクし、惹きつけられます。

そうした未来(ビジョン)を提示することで、あなたと一緒とつながっているとそんな世界に行けるかもしれないと、相手にイメージさせることができます。

「過去」「現在」「未来」を組み合わせて語ることで、あなたの物語でミッションやビジョンを開示していきましょう!

話し方のポイント
4

▼共感ストーリーは自分の「過去」「現在」「未来」を語るもの。
▼未来(ビジョン)を提示して人の心を引き付けよう。

5 共感ストーリーで得られる7つのメリット

「なるほど、自分も共感ストーリーが語れそうだな」と安心していただいたところで、この共感ストーリーが語れるようになるとどんなメリットがあるのか、７つに分けて解説していきます。

1 ― 緊張が和らいで自信をもって話すことができる

私がスピーチコンサルをしている中で、一番頻繁に相談されることが**「どうしたら緊張しないで話せますか？」**ということです。これはいつの時代も変わらない、人前で話す上での永遠の課題ですね。

でも、大丈夫！　共感ストーリーを語ることで、冷や汗をかいたり頭が真っ白になったりするあのイヤな瞬間もなくなって、堂々と人前で話すことができるようになります。

なぜか？　**共感ストーリーは基本的に、「自分の話をする」からです。**

あなたの緊張する瞬間を思い返してみてください。「いったい何を話せばいいのか」「話すべき内容を覚えているか」「そもそも、うまく話ができるかな」といった思いに心を乱されていたときではないでしょうか。これは話の拠り所になるものが曖昧としていて、はなはだ不安定な状態であることが原因です。

共感ストーリーはこうした落ち着かない部分を回避して、自分の「実体験」「事実」をベースに定義づけられたものなので、よけいな不安もなくなります。

「いったい何を話せばいいのか」という悩みは、多くの方が話す内容を事前に考えてないことから起こります。例えば、自己紹介。「初めまして」の場、初対面の人たちが集まる場で「自己紹介をしてください」と言われるのは必須のことなのに、多くの方が自己紹介の内容を準備すらしていないのです。

でも、共感ストーリーは事前に話す内容をつくっておくことが必須です。

この場面でこんな共感ストーリーを語ると決めておけば、何を話せばいいのかといった悩みもなくなり、緊張も和らぎます。

「話すべき内容を覚えているかな」という不安も、自分の実体験、自分の中の事実を語る共感ストーリーを用いれば、新しい内容を暗記する必要もないでしょう。**「こういうことがありました」と、あなたが実際に体験、見聞きした事実をそのまま伝えればいいのです。**

私の生徒で、アナウンサー志望の社会人なのですが、面接でいつも緊張してしまうという悩みを抱えていた方がいました。彼女と、私はこんな会話をしました。

「そう、面接で話すとき緊張しちゃうんだね」

「はい、そうなんです」

「ちなみに、血液型って何型？」

「え？　Ｏ型です」

「お誕生日教えて」

「19××年10月4日です」

「今、答えるとき、緊張した？」

「いえ、しませんでした」

「そうでしょ？　O型で10月4日がお誕生日なのは事実だものね。その事実を伝えるのなら、緊張しないよね」

拍子抜けされるかもしれませんが、これが事実というものの力です。

共感ストーリーも同じです。**他人の話ではなく、あなたにとっての事実を語ることで、あなたの言葉は揺らぎないものになります。**

「うまく話ができるかな」という不安も、多くの方がどうしても手放せない思考なのですが、よく言われるように「うまく話そうとするから、うまく話せない」ということはあるでしょう。

伝える上で、一番大事なことはなんでしょう？　ちょっと視点を変えて、考えてみてください。

ゴールが「たった1人として選ばれる」ということだとしたら、あなたが「うまく話すこと」は。それほど大事なことなのでしょうか？

大事なのは「ぜひ、あなたにお願いしたい！」と思ってもらえるかどうか、ということ。もっと言えば、**「あなたのあり方」がそのまま伝わるかどうか**、ということなのです。

「私のあり方って？」と思われるかもしれませんが、**「あり方」はもうすでに、あなたの中にあるものです。**ただ、これを自分でよくわかっていて、言語化して人に伝えるということが、まだできていないだけなのです。

2 ―「えー、あのー」を言わなくなる

こちらの悩みは、話している本人は気がつかないことも多い相談です。

ＳＮＳなどの流行で、最近は個人の方でもユーチューブやインスタライブといった、ネット上の動画で話すという機会が増えました。ですが、自分が話した動画を後から見て、

「え、こんなに『えー』とか『あのー』とか言っているんだ」

と愕然とすることも多いのではないでしょうか。

これも準備が不十分だから起こってしまう現象で、共感ストーリーを使えば解決できる事柄です。


まず、どういうときに「えー」「あのー」を言ってしまうのか、その場面をちょっとイメージしてみてください。

「えー」「あのー」が出てしまうのはたいてい、「次に何を言おうかな……」と考えているときの「つなぎの言葉」として出てくるのです。

話しているときに、沈黙、いわゆる間《ま》を怖がる人は多いのです。その間を埋めるために「何か話さないといけない！」という思いから、つい、「えー」「あのー」を言ってしまう。こういうメカニズムだと思ってください。

ということは、自分が話す内容がすでにわかっている状態であれば、この「えー」「あのー」は出てこないわけです。

もう一度、先ほどの共感ストーリーの内容を思い返してください。基本、自分の経験と思いを話すことでしたよね？　知らない他人の話でもなく、どこからか引っ張ってきたデータでもない、いちばんよくわかっている自分のことの話なのですから、何を話せばいいのかなという迷いがないので、「えー」「あのー」を言わなくなるのです。

3 生き生きとした魅力的な話し方になる

「どうしたら人を惹きつける、生き生きとした魅力ある話し方ができるようになるのでしょうか？」

こちらもよく、寄せられる相談です。テクニックだけなら、「抑揚（イントネーション）をつける」「話し声を高くしたり低くしたりして、棒読みのようにならないようにする」「身振り手振り（ジェスチャー）をつけて感情表現を身体で表す」など、いろいろ挙げられます。

しかし、表面なテクニックだけ直しても、根本的な問題の解決にはならないと、私は思います。

先ほどからお伝えしているように、問題は「どうしてあなたがその話をするのか？」という、「あり方」や「話の内容」にあるのです。

もちろん、テクニックも大事ですが、順番が違うのです。最初に小手先の技術を身につけることより、「あり方」や「話の内容」を組み立てることができるようになってからテクニックを学んだほうがいい、ということなのです。

私は、多くの経営者・リーダーの方にはスピーチ指導を、アナウンサー志望者には「選ばれる」面接トークを指導してきていますが、テクニックを最初に教えてもうまくいかないケースが多いことに気がつきました。

なぜかというと、テクニックから入った話し方は、不自然に聞こえるのです。抑揚をつけすぎてわざとらしい感じになったり、むやみやたらに手を動かして、本当に伝えたいことが伝わらないなんて、実にもったいないことです。

共感ストーリーは自分の経験や思いをベースにして、心の内側から湧き出るエネルギーで語ることに重点を置いています。結果、抑揚やジェスチャーなどを意識しなくても、生き生きと魅力的な話し方になるのです。

また、「……ということがありました」と過去の共感ストーリーを語るときには、パッとその時の過去を思い出した表情が自然と出て、語り口も変化する。これがいわゆる「抑揚」です。**意識しなくても、共感ストーリーの過去、現在、未来を語れば自然と抑揚のある、魅力的な話し方になってくるわけです。**

身振り手振りも「伝えたい」という思いから自然と出てくるものなので、最初からオーバーなジェスチャーを意識した話し方は作り物っぽく見えてしまうと心掛けたほうがいいですね。

4 ― 自分の中の「いちばんいい声」で話せる

自分の声の魅力のなさに悩んでいる方も多いのですが、まず最初にお伝えしたいのは、**声が高いとか低いとか、大きいとか小さいとか、持って生まれた声質を悩むのではなく、それを強みとして生かしてほしい**、ということです。

私自身、アナウンサーを目指していた頃はアナウンススクールで、アナウンサーになってからは自分で「あ、え、い、う、え、お、あ、お」という、よく知られる発声練習や活舌のレッスンをして、ひたすら声を磨いてきました。ある段階までトレーニングを重ねていけば、それなりに声質は変わります。

それでも、「もともと、いい声を持っている人」には、どんなにトレーニングを重ねても勝てないのです。私たちは声を商売とするナレーターになるわけではないので、声をよくするということよりも、**「自分の生まれ持った声の個性、強みを生かす」**という考え方に変えていったほうがいいと思うのです。

アナウンサーになりたい多くの志望者がアナウンススクールで発声や活舌、腹式呼吸などでいい声が出るトレーニングを続けています。

はっきり、くっきりとした声。

澄み切った、美しい声。

なのに、そんな憧れの声を手に入れて面接に臨んでも、うまくいかない、選ばれない人を、何人も見てきました。

声の表面的な美しさだけでは、伝わらないものがあるのです。

そもそも、私が思う「いい声」の定義は、**「自信をもって、自分の言葉で語れているときの声」なのです。**

共感ストーリーは自分の経験と思いを語るというプレゼン手法ですから、まさに自信をもって自分の言葉で語ることができます。

さらに、いい声を出さないといけないと無理に意識する必要がないので、あなたが話したい内容に集中することができて、結果として相手に効果的に伝わるのです。

5　説明と比べて、記憶に残りやすい

ダラダラとした説明を相手から聞かされたあとに、印象に残っているのは何でしょうか。相手の人や紹介されている商品、サービスではなく、「つまらないな」「飽きてしまったな」という、何とも言えない不快な感情ではないでしょうか。

これは本当にもったいないことで、私たちはスピーチなどで話をしているときに、その1分や2分の話の時間自体が大事だと思い込んでいますが、これは大きな間違い。

そうではなく、**語ったあとに「思い出してもらう」「記憶に残る」ということが大事なのです。**

話をしたその場で、商談やプレゼンがうまくいくことも稀にありますが、たいて

いの場合は「時間が経ってからあとで決まる」パターンでしょう。選ばれるというのは、それだけ時間を要することなのです。

まずは、どれだけ相手に強い印象を残すことができるか？ そこで共感ストーリーの力が発揮されます。

ストーリーで伝えるほうが、事実や数字の羅列で伝えるよりも22倍記憶に残りやすいことが、スタンフォード大学のマーケティング担当教授、ジェニファー・アーカーの研究によって明らかになっています。

先ほどの「むかし、むかし、あるところに……」といった昔話も、小さい頃に読んだ記憶がしっかりと根づいていて、私たちは何も見なくてもソラで話すことができますよね。これが、ストーリーの力なのです。

この方法を自分の物語、共感ストーリーに用いて、「記憶に残る人」になりましょう。

また、記憶に残っている共感ストーリーが伝言ゲームのように語り継がれていくことで起きるのが口コミです。口コミとは、要は噂話みたいなものだと私は思っています。

人におススメしたいものを口にするときは、相手と何気ない会話しているときですよね。ふだんは意識していないのに、会話の流れからふと、言葉に乗って出てくるということもあるでしょう。

口コミで拡散していきたいと思わせるような、盛り上がる共感ストーリーを持っているといいですね。

6　相手を共感させてファンにさせる

「相手をファンにさせる、ってタレントでもあるまいし、そんなハードルが高いことを……」

いいえ、そんなことはないのです。誰でも共感ストーリーで、相手をファンにさせることができるのです。

あなたが「私って、本当にすごいんです！」と言わんばかりに高スペックを売りにしてしまうと、よりスペックが上の人が出てきたら相手はそちらにいってしまいます。

ですが、ファンになると違います。**あなたがうまくいっていてもいなくても、できていてもできていなくても、ファン心理から応援したくなってしまうのです。**

ポイントは「共感」です。改めて『広辞苑』で引くと、こう書いてあります。

> 「共感：他人の体験する感情や心的状態、あるいは人の主張などを、自分も全く同じように感じたり理解したりすること」

わかりますか？　これはものすごいことで、他人の話なのに感情移入してしまう、つまり**他人事ではなく、「自分事」として相手を受け入れてしまう**ということなのです。

よくテレビドラマなどで、「そんなことってある？」と思ってしまうような悲劇の展開を、私たちは他人の物語なのに「自分事」として入り込んで、一喜一憂していますよね。これと同じように、一度感情で共鳴したら、それはもはや「他人事」ではなくなるのです。

ただの説明だと自分にはまったく無関係なことだと思われるだけですが、**共感ス**

トーリーだと「自分事」としてとらえられる。これは大きな違いです。

7　同業他社と差別化されて、選ばれる

私はスピーチコンサルや企業研修の他に、アナウンサーの内定を得るためのコーチという仕事もしているのですが、生徒の中には現役アナウンサーの方もいます。すでにアナウンサーという職業についている彼女たちがどうして、私の指導を受けにくるのか？　実は日本の女性アナウンサーの多くは正社員ではなく、契約社員の立場なので、彼女たちは３～５年という契約期間の切れ目で他局への転職活動を始めるのです。

現役アナウンサーになればライバルとなるのは、同じ立場、似たようなキャリアの同業アナウンサー。ニュースを読む、リポートをするといった経験はまったく同じで、スペックもあまり変わりません。では、いったいどうしたら、自分が選ばれるのか？

そこでも登場するのが共感ストーリーです。アナウンサーとして、どんな経験と

思いをしてきたのか？　これを語ることで、「あり方」が伝わる。「この子にうちのアナウンサーになってほしい！」とたくさんの現役アナウンサーの中から、「たった1人」に選ばれるのです。

これは、ビジネスパーソンの皆さんも同じことです。自分と同じ仕事をしている人たちなんてたくさんいます。**その中から選ばれるのは、その人しか話すことができない共感ストーリーを持っているかどうか、ということなのです。**

さらに現在は、リアルだけではなくオンラインでサービス提供もできる時代。これからさらに選ばれるのが難しくなっていく中で、共感ストーリーを語り伝えることで選ばれ続けるのです。

話し方のポイント 5

▼共感ストーリーには7つのメリットがある。
▼自信をもって人前で話す習慣も身につく。

第2章

「共感ストーリー」のつくり方4STEP

STEP1

掘り起こす

～経験と感情を共感ストーリーグラフに書き出してみる～

ここからは具体的に共感ストーリーをつくるプロセスを、4ステップに分けて解説していきます。

まずは共感ストーリーの定義の確認です。そう、「自分の経験と思いを語る」でしたね。

重要ポイントは「思い」、いわゆる感情もワンセットです。

「私はこんな経験があります」「こんなことやってきました」という事実を羅列するだけでは、相手は「あー、そうなんだね」と、特に何も刺さらずに終わってしまいます。

あなたがその時に思ったこと、生まれた感情に、人は共感し、心を動かされるのです。

感情には大きく、２つの種類あります。

1つはプラスの感情（快の感情）です。「楽しい」「嬉しい」「ワクワクするする」といった、ポジティブな心の動きですね。

もう1つはマイナス感情（不快な感情）。「悲しい」「寂しい」「怒り」といった、ネガティブな感情を指します。

次のページに掲載したのは、**「共感ストーリー感情グラフ」**です。

ここに、あなたの人生における経験と思い（感情）をグラフにして書き出してみてください。

このグラフに書き込むことで、「自分が生きていくなかで、大きな出来事（経験）が起こったときにどう感じたのか？　そして、その先にどんな行動をしてきたのか？」といった自分の価値観、いわゆる「あり方」が見える化されます。

共感ストーリー感情グラフ

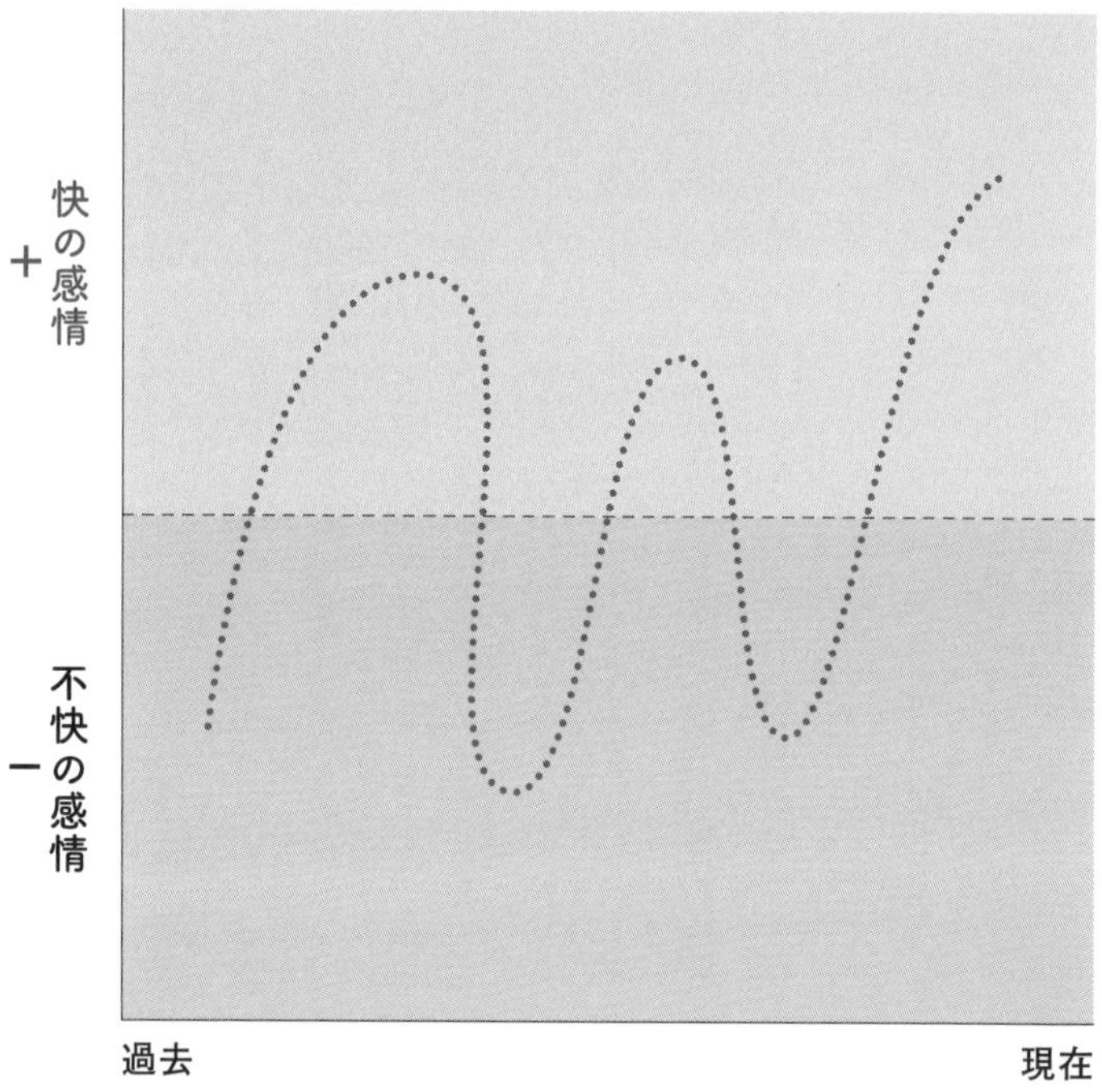

縦軸は感情、横軸は時間の流れにして、波線状に「感情の流れ」をつくる。上下のピークになる位置には、「その時、何があったのか」を明記

縦軸は思い（感情）を表し、上に行くほどプラス（快）に、下に行くほどマイナス（不快）な方向に心が動くことを示しています。横軸は年齢です。

このグラフを書き込むときのポイントは、**自分の感情が大きく揺れた、振れ幅が大きいところに、深い思いが見つかる可能性があるということです。**

一例を挙げましょう。私の経営者スピーチコンサルのクライアントで、女性建築家のＹさん。

最初に「どうして建築家の道に進もうと思ったのですか？」と聞いたところ、「住宅はそこに住まう人のライフスタイルを映し出しますよね。利便性だけではなく、生活や暮らしの中に精神を高める美しく豊かな空間が必要だと考えて、そうした場所を自分でつくり出したいんです」と答えました。

とても素敵な考え方ですが、何だか綺麗にまとまりすぎているな、と私は感じました。

そこで、右ページの「共感ストーリー感情グラフ」を書いてもらいました。すると、こんな話が出てきたのです。

「……中学2年生のときに、わたしの家が火事に遭ったんです。家族みんな無事だったんですが、家は全焼で跡形もなくなってしまいました。そのときに思ったんです。『家って、なんだろう』『私たちにとって家って……』。この衝撃的な経験が家というものに向き合っていきたい、知りたいと思ったきっかけでした。そして、建築科のある大学に進んだんです」

火事に遭ったというショッキングな経験。でもそれが実は、Yさんが建築家としての歩みを始めた原点だったということです。なんとも、ドラマティックな共感ストーリーです。

「美しく豊かな空間づくりをしたい」という女性建築家は、もしかしたらほかにもたくさんいるかもしれません。ただ、Yさんの建築家の原点としての共感ストーリーは唯一無二。家づくりへの並々ならない深い思いが感じられる、彼女だけの物語なのです。

このように、隠されている共感ストーリーの元となる経験と思い（感情）を、まずは書き出してみてください。ふだんなら表に出さない感情も、共感ストーリー感情グラフに書き出すことで、明確に見えてくるようになります。

さらに感情が大きく揺れた共感ストーリー作成については、以下の6つの質問に答える形で進めてみましょう。共感ストーリーを語る上での重要な要素になります。

❶感情が大きく揺れたのはどんな経験だったのか？
❷その経験で感じた感情は？
❸その経験で得た気づきとは？
❹気づきから、どのような学びに変えたのか？
❺学びから、どんな行動をしたのか？
❻結果、どんな状態なのか？

私の例を挙げましょう。次ページに掲載するのは私の共感ストーリー感情グラフです。

❶ 感情が大きく揺れたのはどんな経験だったのか？

↓2008年のリーマンショックの影響で、それまで関わってきたアナウンサーの仕事が全部なくなってしまった。

❷ その経験で感じた感情は？

↓深い悲しみ。

❸ その経験で得た気づきとは？

↓人に使われている立場での仕事は、相手の都合でなくなってしまうことがある。

［ 松下公子の共感ストーリー感情グラフ ］

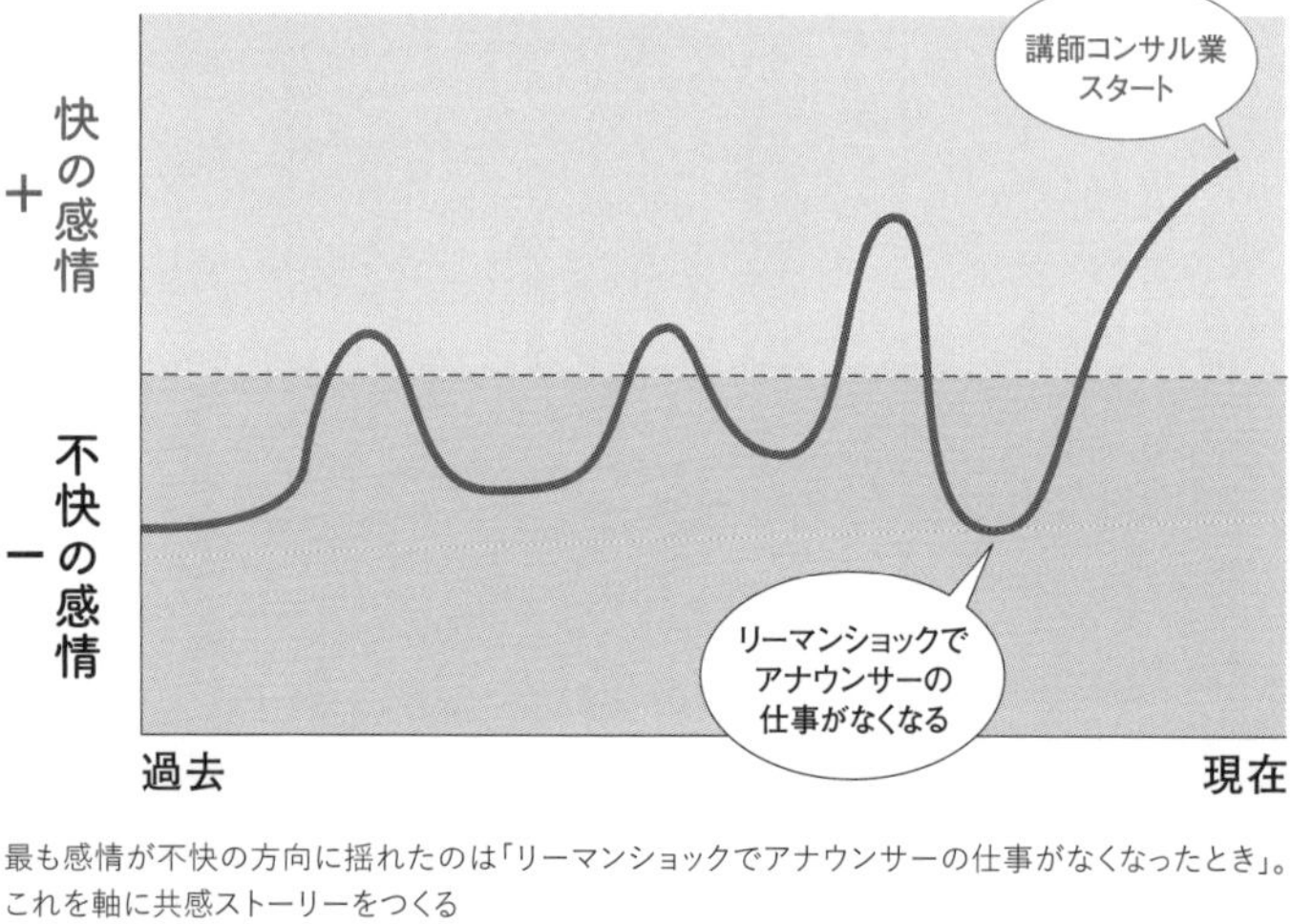

最も感情が不快の方向に揺れたのは「リーマンショックでアナウンサーの仕事がなくなったとき」。これを軸に共感ストーリーをつくる

❹気づきから、どのような学びに変えたのか？
↓自分の力でしっかり立って、仕事していく＝自立していくことが必要だと学んだ。

❺学びから、どんな行動をしたのか？
↓講師やコンサル業をスタートし、現在は法人化。

❻結果、どんな状態なのか？
↓多くのクライアントとつながり、喜びと感謝に満ち溢れる気持ちで仕事をすることができている。

以上の6つの要素を入れて、私の共感ストーリーをつくりました。以下のものです。

3歳になる息子を託児所やベビーシッターに預けて、フリーアナウンサーの仕事を頑張っていた2008年のこと。全世界を覆ったリーマンショックが起き、大規模の金融危機へと連鎖し、日本株価も大暴落を起こしました。その影響で、「予算削減のため、外注のフリーアナウンサーではなく、局内のアナウンサーで仕事をまわしていく」という理由で、当時私が担当していたテレビやラジオのレギュラー番組が全部なくなってしまったのです。

その時の私の感情を支配していたのは「深い悲しみ」でした。

「どうして？　私は悪くないのに。子供を預けてまで仕事を頑張ってきたのに」と嘆いてばかりで、マイナスの方向に心が引っ張られていたのです。ですがその後、次のように思うことで、感情はプラスへと上がっていきました。

人に使われている仕事は、相手の都合でなくなってしまうことがある。だったら自分の力でしっかり立って、仕事していく＝自立していくことが必要なんだと。

それが、講師やコンサル業を始めたきっかけとなり、今の自分をつくってくれた原点にもなっています。その後私は、2人目を出産。子育てなどプライベートを大切にしながらも、法人化して多くのクライアント様とつながり、喜びと感謝に満ち溢れる気持ちで仕事をしています。


この共感ストーリーは女性向けの講演会やセミナーなどでお話しすると、多くの女性から「勇気が湧きます！」などと言ってもらえます。

あのときの悲しかった経験が誰かの役に立つのは、本当に嬉しいことです。

このような失敗・挫折経験の共感ストーリーは、自分自身の心を揺さぶり、多くの人の心をもつかみます。


失敗、挫折した経験以外には「まわりからの非難や否定された経験」「誰にも理解してもらえなかった経験」「商品・サービスなどを形にするまでの苦労した経験」も、共感ストーリーつくりの要素になります。

ただし、マイナス（不快）な経験話で終わらずに、ストーリーの中で必ず、プラス（快）な経験話でV字回復することが必要です。「私は失敗してしまって……今も、うまくいっていないんですが」というネガティブ発言をする人のところに、人は集まってこないでしょう。そしてもちろん、選ばれることは難しいでしょう。

「失敗、挫折はあったけれども、今は乗り越えました。さらに今後の未来はこう考えています」など、今後の展望や可能性、希望など明るい未来を感じさせるような締め方で話を終わらせるように心がけましょう。

話し方のポイント
1

▼**経験と思いを「共感ストーリー感情グラフ」に書き込んで、自分の「あり方」を見える化してみよう。**

STEP2 ゴールからの逆算でネタを決める
～誰に伝え、どう行動してほしいのか？～

グラフから今度は、話の内容（ネタ）を選んでいきましょう。

共感ストーリーは人の心を動かし、行動させるプレゼン手法です。**ですから、話の内容の選び方のポイントは、この話をすることで、誰に、どう行動してほしいのかを、よく考えるということ。**ゴールからの逆算で考えるということです。ここからは、具体的なステップをお伝えしましょう。

1 ― 聴き手は誰なのか？

共感ストーリーには話を聴きたくないという人にも、「それで、どうなるの？」と興味を沸かせ、聴きたいと思わせる力があります。ですが、「とてもいい話でしたね」で終わってしまっては意味がありません。伝えることが大切なのではなく、伝えた先に聴き手を行動させることができるのかが重要なのです。

あなたが共感ストーリーを語ることで、心を動かし、行動させたい聴き手は誰でしょうか？

ここで私の失敗談をひとつ。以前、ある中学校で「アナウンサーになる！　という夢を叶えたこと」について中学生のみなさんにお話をしたことがあります。

その中で、ひとりの女子生徒が手を挙げて質問をしてくれました。

「松下さんが会えて嬉しかった芸能人って誰ですか？」

他の生徒の皆さんも、聞きたい！　聞きたい！　と盛り上がりました。みんな可愛いな、と思いながら私は答えたのです。

「三波春夫さんかな」

答えた瞬間、教室がざわざわ騒がしくなりました。そして、聞こえたのです。

「……三波春夫って、誰？」

三波春夫さんと言えば、「お客様は神様です」の名台詞とともに国民的歌手として多くの人々に親しまれた大御所の方です。佐渡ケーブルテレビ時代に独占インタビューをさせていただいた経験が嬉しくて、すぐさま口に出てきた名前が三波春夫さんでした。でも、中学生に三波春夫さんと言ってもわからなかったのです（もしかしたら、この本をお読みのあなたも誰だろうと思っているのかもしれませんが……）。

さて、この一件での学びは、**相手の属性によって価値観や興味は違ってくる**ということ。

あなたが伝える相手は、経営者・リーダーなのか、チームを組んでいる部下なのか、それとも学生から新卒で入ってきた新入社員なのか？　さらに性別は男性なのか女性なのか、そして年齢層は20代それとも40代50代の方なのか？

それぞれ、具体的に誰に伝えたいのかを明確にしましょう。最終的には、その聴き手の心を動かし行動させる共感ストーリーの内容（ネタ）を選び、組み立てていく必要があります。

2　聴き手にどう行動させたいのか？　ゴールを決める

聴き手が誰なのかを明確にしたら、次はどう行動させたいのか、ゴールを決めていきましょう。

例えば、以下のようなものです。

- 指示待ち部下が「ビジョンに共感しました！」と自ら行動するようになり、業務を効率よく回せるようになる。
- 新卒の学生に「ぜひ入らせてください」と内定を受諾させる。
- 就職・転職活動の面接で「ぜひあなたに来てほしい」と内定をもらう。
- お客様から「ぜひあなたにお願いしたい」と申し込みさせる。
- セミナーや講座で「ぜひ学ばせていただきたい」と受講生の心をつかみ、眠らせずに集中して受講させる。

これらのゴールを達成するために、どの共感ストーリーを語ればいいのか？

前述の共感ストーリー感情グラフの中から、話の内容（ネタ）を選ぶようにしましょう。

話し方のポイント
2

▼共感ストーリーは語る相手にどう行動させるのか、ゴールを決めてつくる。

3 STEP3 組み立てる ～原稿にして書く～

次に話の内容を組み立てていくフェーズです。

ここでの必須事項は「書く」ということです。手書きでも、パソコンに打ち込んでも手段は問いません。文字に起こし、原稿化してください。

ただし、この原稿は暗記しないでいただきたいのです。

原稿を暗記すると、内容を思い出すことに一生懸命になり、かえって聞き手に伝わらない話し方になってしまいます。

原稿にする意味は、書きながら、「自分はこの時、何を感じたのだろう?」「どのような行動をとったのだろう？」「そして、相手は？」とさらなる掘り起しをしていただきたいからです。

書きながら得た、新たな気づきや発見を原稿に書き添え、あなたの共感ストーリーの世界観をつくり上げてください。

もし見るとしたら、原稿ではなく、話の流れで大事なキーワードを箇条書きにしたメモをに目をやりながら話してください。

では、共感ストーリーを書いていく上で、大事なポイントを一つひとつ解説していきましょう。

1 ― 1分で心をつかみ、3分でファンにさせる

共感ストーリーを使った自己紹介やスピーチは、1分～3分以内でまとめるといいでしょう。これは相手を飽きさせず、さらに、あなたに興味を持たせるのに要する、平均的な時間の長さだと思ってください。

説明と共感ストーリーの違い

いわゆる説明

現在 → 実績・事実

↓

仕事や会社の説明になってしまい、つまらない

【1分で心をつかむ】共感ストーリー

未来 → 現在

あなたとどんな未来を一緒に描けるか?

↓

あなたとつながるメリット

【3分でファンにさせる】共感ストーリー

過去 → 未来 → 現在

過去・現在・未来・現在のあなたをつくっている
過去からのストーリー、そしてこれからの未来

↓

あなたの「あり方」に共感

1分間語れば、相手の心をつかむ。
3分間語れば、相手をファンにさせる。

そんな話の組み立て方をしてみましょう。

共感ストーリーは、あなたの「過去」「現在」「未来」を語るものであり、どこからどこまで語るのかは、話に必要とされる時間の長さによって変わってきます。

1分の話を文字にすると、どれくらいの分量になるかおわかりでしょうか？　だいたい300文字くらいです。この文字数で語れる範囲は、あなたの現在と未来。

例えば「私は今、こういう仕事をしています。これからはこんなことをしていきたいです」といった内容。**ここで聞き手の心をつかむフックになるのは、未来についての語る共感ストーリーです。**

「どんな世界に行きたいのか？」
「どういう存在でありたいのか？」
「何を成し遂げたいのか？」

といった未来のビジョン・共感ストーリーに、人はグッと心をつかまれるのです。

私のクライアントである医師のNさんは、フェイスブックに共感ストーリーで語る1分動画をアップしました。こんな内容です。

僕は医師になって22年が経ち、この間、合計7000件の手術と放射線治療をしてきています。その中で、患者さんに言われた忘れられない一言があるのです。

「先生、1時間でいいから家に帰りたい」

余命いくばくもない70代男性のかすれた声です。

まだ駆け出しの医師であった僕にはその希望を叶える術はありませんでした。

でも、その当時から20年を経た今の自分には。それができる知識と経験があることに気づいたのです。

そのため、これからは、病院という枠を越えて、地域に住む方々と一緒に「人生の最期を、自分の望む場所で過ごす」。

それが当たり前にできる街をつくりたいのです。

あなたは、そんな街づくりに興味がありませんか？

前半は過去を踏まえた今の医師としての自分の「あり方」を、そして後半は未来への思いと、聞いている人に仲間になってほしいというオファーを伝えています。


この動画メッセージに、フェイスブックのコメント欄には、

「もっと早く出会いたかったです！　ぜひ、つながってください」

「患者さんの気持ちに寄り添えるお医者さん！　素敵です」

「ぜひ、活動を応援させてください！」

と、たくさんの反響が寄せられました。


当時、医院を開業する真近だったNさん。病院という枠を超えて「人生の最期を、自分の望む場所で過ごせる」街づくりがしたいという思いに多くの共感が集まったのです。

そして、3分の話は文字に移しておよそ900文字くらいです。原稿用紙2枚ちょっとくらいなので、ある程度、長い時間がとれます。

時系列で言うと、現在を語り、過去、そして未来という順番で語ってください。

ここでも、私の講座の生徒の共感ストーリー例をご紹介します。

まずは京都で「おしぼりやさん」を運営しているAさん。


現在、創業20年。

京都祇園に事務所を構え、おしぼり屋さんを家族で経営しております。もともとは、私の父が立ち上げた会社です。

私は早くに結婚出産をしましたが、社会に出てお勤めをする経験がありませんでした。

「子供もいてるし、熱とか出たら休ませてもらえるやろうし……」と、父の会社に対してたいして思い入れもなく、何となく言われたことをこなす。そんな働き方をしていました。

ですが、ちょうど6年前、お昼に事務所で「また明日ね」と別れた父が、夕方自宅でお昼寝をしたまま他界しました。

本当に突然のことで、気持ちの整理がつかないまま、父が築いてきたこ

の会社を守っていかなければいけないと、とにかく必死でした

「先代やからお付き合いしてきたんや」と解約をされるお店もありました。

「お父さんと私が納品するおしぼりはなんも変わらへんのになんでなん?」

と理解できませんでした。

そんな私に父の代からお付き合いのあるママが生前の父の想いを教えてくれました。

「あんたのお父ちゃんは誰よりも、おしぼり1本1本を大事にしてはった。おしぼりは手を拭くもんや。掃除するもんちゃう。大事にせぃ、ってど こ顔出しても使い方にうるさく言うてたはった。

あんたらも自分とこのおしぼりに自信もち」

そう、声をかけてくれました。

お店に来るお客さんが「やっぱこれやなー」とホッとされるお顔を見たとき、

「あぁ、私の仕事って、ただただおしぼりを納品する、そんなんじゃなくって、お店の方とお客様をつなぐ架け橋になってるんやなぁ」って気づいたんです。

おしぼりを手にし、そのぬくもりから、お店の方のおもてなしと真心が伝わり、お客さまがほっとされ、一息つける空間が生まれる。

そのお手伝いがおしぼりにはできる。そう、思います。

おしぼりへの愛情が誰よりも強く、おしぼり命だった父の想いを継ぎ、お客さまに寄り添い、一緒に長く続くお店つくりを考えていける、そんなおしぼり屋を目指します。

いかがでしょうか？

ご存知のように、おしぼりは、お店に行けば必ず出してくれるもの。だから、どのおしぼりも一緒でしょ？　と思いがちですが、少し掘り下げてみれば、これだけのストーリーが出てくるのです。

娘さんがお父さんの思いにハッと気づき、その思いを受け継いでお客様に寄り添っていきたいというストーリーに引き込まれて、これを聞いた取引先の人も、「ぜひ、引き続きお願いしたい」という気持ちになりそうです。

そしてもうひと方は、声楽家のCさんの共感ストーリーです。

過去の私は、表舞台にはまったく立てない人生を送っていました。

私は音楽大学を出て歌の修行をしていたのですが、肝心の歌声が出なくなったのです

声楽家として出ない、というレベルじゃなく、鼻歌すら歌えない。それが20年も続きました。

でも、私はある日、目の前にあった出逢いをキャッチしました。

飛行機に飛び乗って福岡から東京へ。そこでレッスンを受けて、1日で歌えるようになったのです。

信じられないことでした。歌えるようになると、先生から言われました。

「期限を決めて、コンサートをしなさい」

とっくに諦めていたことが目の前にやってきました。50歳の初デビューでした。25歳の若者と2人で2時間。私も負けないくらいフレッシュな気持ちでしたよ！　３００人のお客様に応援していただいたのです。

歌えなかった私が、１日で歌えるようになった。それまでは「正しいやり方を身につけないと、その上には行けない」と、私は向上心から無意識に、自分を縛っていました。

正しいやり方や知識は、もちろん大切です。でも、今の自分の課題は何か、それを乗り越えるために今一番必要なことは何か。これを見極めることは、運命の分かれ道になります。

私の先生はただひとつ、「自分の声で歌いなさい！」と、その時の私に、究極に欠けていた「自分らしさ」に導いてくれました。

「面白い」ものは、予測を超えてやって来ます。誰にとっても、これまでの経験があるからこそ、後半戦は予測を超える可能性に満ちているのです。

そんな人生、素敵じゃないですか？
そこで、面白い人生を一緒に楽しめるコミュニティをつくりました。

何ともドラマティック！　声楽家という枠を超えて、そんな面白い人生を一緒に楽しみたいと思わせてくれますね。

ここでご紹介した３人には、まったく違ったイメージ、雰囲気を感じられたと思います。それぞれの個性と良さが感じられる、それが共感ストーリーの力なのです。

2 — 主役はあなたである

ここからは、さらに具体的に共感ストーリーに必要な要素を解説していきます。共感ストーリーは、あなたを主役として話が展開していきます。

あなたが、
何をしたのか（行動）、

何が起こったのか（出来事）
その時に感じた思い（感情）、
そしてその後どうなったのか（展開）、

と話は進んでいきます。

たまに、「その話の中に、あなたがいないんじゃない？」と思ってしまうような話をする人もいます。

「いやー、私の話なんて大したことがないです」と多くの人は謙遜します。日本人気質といいますが、謙遜が美徳とされるのも時と場合によります。大事な場面で選ばれるには、あなたがいったい何者なのかがわからないと、相手はあなたを選べません。

どんなときでも、あなたを主役として、話をしていきましょう。

3 ― 主役の「自分以外の登場人物」を出す

ストーリーは物語ですから、自分以外の登場人物も出演させて話を展開させていきましょう。自分しか出てこない話は単調になりがちで、面白く相手に響かないのです。

登場人物は、あなたに影響を与えた人。注意点は、人物を多く出し過ぎないこと。相手が話を聞いていて、覚えきれないからです。

「その人がいたおかげで、次への展開につながった」という重要人物を１人、多くても２人まで、話に登場させるようにしましょう。

4 ― 会話の引用でストーリーを展開していく

つい説明っぽくなりがちな話も、自分以外の登場人物を出すことで、ぐっと物語に近づいてきました。さらに、人物には会話の言葉や心のつぶやきを語らせましょう。文字にしたときにカギカッコ（「」）で括られる部分です。

「息子の姿は見えなくても、私には感じるんです。

球場に来れば、暑さの中にも時折さわさわとそよぐ風や、熱のこもった応援の声から、私は息子を感じることができるんです」

高校野球のスタンドリポートで、選手の息子さんを応援に来た盲目のお母さまへのインタビューでのこと。短い言葉の中に、息子さんへの愛情が感じられます。


これは実際に私が局アナ時代にインタビューした、高校野球の選手のお母さんの言葉です。こんな素敵な言葉や主役のあなたにとって大事な言葉は、自分で説明してしまうより、登場人物その人自身に生の言葉として、語らせましょう。

会話の言葉を現場の空気を活かした形で表現することで、より話に人間味が増すという効果もあります。

5 臨場感を高めて人を惹きつける「オノマトペ」

「オノマトペ」という言葉を聞いたことはありますか?

オノマトペはフランス語であり、物事の状態や動きなどを音で表現したものです。

1978年に出版された金田一春彦著の『擬音語・擬態語辞典』では擬音語・擬態語・擬声語・擬用語・擬情語の5つに分類されています。

①擬声語:人間や動物の声
わんわん、こけこっこー、おぎゃー、げらげら、ぺちゃくちゃ、など。

②擬音語:自然界の音
ざあざあ、がちゃん、ごろごろ、ばたーん、どんどん、など。

③擬態語:音ではなく何かの動きや様子を表すもののうち、無生物の状態を表すもの

きらきら、つるつる、さらっと、ぐちゃぐちゃ、どんより、など。

④擬容語：何かの動きや様子を表すもののうち、生物の状態を表すもの

うろうろ、ふらり、ぐんぐん、ばたばた、のろのろ、ぼうっと、など。

⑤擬情語：人の心理状態や痛みなどの感覚を表すもの

いらいら、うっとり、どきり、ずきずき、しんみり、わくわく、など。

（Webサイト「日本語を楽しもう！（国立国語研究所）」より引用）

先ほどの高校球児のお母さんの共感ストーリーにも「さわさわとそよぐ風」とありましたね。「サラサラした手触り」「バンバンたたく」「ふわーっと膨れ上がる」など、オノマトペをいれると、イメージが伝わりやすいのです。

アップル創業者のスティーブ・ジョブズも、プレゼンテーション時にオノマトペを活用していました。新商品の素晴らしさを強調したいときなどに「Boom!（ブーン）」という擬音語を使い、観客を笑わせ、注目を集めていました。
このオノマトペを入れると、ググっと臨場感が高まり、人を惹きつけます。

6 ―「数字」は効果的なスパイス

共感ストーリーとロジカルな思考は、対極にあるものと思われるかもしれませんが、「数字」を効果的に物語に取り込むと、話にリアリティが増すことがあります。
例えば、最初の出会いの場面でのご挨拶や自己紹介。

プロファイリングという人間分析学を使って、社員と気持ちを分かち合い発展していく組織をつくってみませんか？　初めまして。組織循環コーディネーターのSです。

というよりも、

プロファイリングという3兆9億パターンの人間分析学を使って、社員と気持ちを分かち合い、発展していく組織をつくってみませんか？　初めまして。組織循環コーディネーターのSです。

というほうが、「3兆9億パターン」という数字の途方もなさが印象に強く残って、興味が沸きますよね。話のつかみ、共感ストーリーのスパイスとして数字を使うのは、おススメです。

また、選ばれるのに自分のスゴさは見せなくていいと言いつつも、自慢にならず、さりげなく自分のスゴさを伝えられるが数字の力でもあります。

例えば「スピーチコンサルタントをしています」という一言。こちらに数字を入れてみましょう。

スピーチコンサルタントとして、1万人以上の経営者・個人事業主の方を指導してきました。受講者の90％以上が満足していると回答しています

こちらは講師側の実績を数字にしたものです。「この講師なら経験もありそうだし、大丈夫そうだ」と信用を勝ち得ることができます。

さらに、こんな数字の使い方もできます。

スピーチコンサルタントとして話し方を指導した営業職98％の方が『営業トークで売上が上がったと実感している』とご報告を頂いています

こちらはお客様側の実績を数字にしたものです。「この講師に学ぶと、営業トークが上達して売上が上がるのか」と聴き手のメリットを明確にすることができます。
ただ、１つ注意したいのがやたらと数字をたくさん盛り込んでしまうパターン。
例えば、以下のようなものです。

気温はマイナス１℃。10kgの荷物を１時間持ち続ける担当にアルバイト５人の中で１番に立候補しました。

お客様の実績を数字にすると
聴き手へのメリットが明確になる

自分の実績

「スピーチコンサルタントとして1万人以上の経営者・個人事業主の方を指導してきました。受講者の90%以上が満足していると回答しています」

↓

お客様の実績

「スピーチコンサルタントとして話し方を指導した**営業職98％**の方が**『営業トークで売上が上がったと実感している』**とご報告をいただいています」

自分の実績を売りにするのではなく、お客様の目線からのメリットを訴えていく。

やる気や体力を伝える自己ＰＲの一文ですが、数字がたくさんあると何が一番大切なのかが、わからなくなってしまいがちです。

せっかくのスパイスとなる数字のインパクトが薄れてしまうのです。

数字は絞って効果的に使いましょう。

話し方のポイント
3

▼話を組み立てていく上で必要なのが原稿に起こすこと。
▼聞き手の心をつかむ前準備を怠らずに。

4
STEP4

声に出して読む
〜推敲〜

共感ストーリーの原稿ができたら、まずは声に出して読んでみてください。

そこで、難しい言葉を使っていて言いづらくないかどうかなど、チェックしてみてください。

文章として書いているときは、専門用語やあまり使うことがない難しい言葉をついつい、使ってしまいがちです。でも、この原稿をベースに私たちはリアルな現場で話すわけですから。実際口に出してみてどういう印象になるのかを、確認してみてください。

次にチェックしてもらいたいのが、話の流れです。

「話は起承転結が大事」とよく言われますが、何でもかんでもこの型に当てはめてしまうと、つまらない話の流れになることもあると私は思っています。

例えば、結論を最初に持ってきて、なぜその結論に至ったのかを時間を逆行するように話したりすると意表をついていて面白く聞こえますし、話の順番をいろいろ組み替えて、効果的に伝わる流れを何度も推敲するのも楽しい作業だと思います。次に何が起こるかわからないようなドキドキ感、ワクワク感も共感ストーリーの魅力のひとつでもありますから。

楽しみながら話の流れを組み立ててみましょう！

話し方のポイント 4

▼作成した共感ストーリーは声に出して読むこと。
▼本番のリハーサルにもなる。

COLUMN

共感ストーリーを語る効果的な場面

選ばれる経営者・リーダーになる●理念・ビジョンスピーチ

近年はＡＩ（人工知能）の時代を迎え、私たち人間の仕事がロボットに取って代わられる日もそう遠くないと言われています。大手旅行会社のＨＩＳグループが運営する宿泊施設「変なホテル」などは、フロントも人間ではなく、「人型をしたロボット」や「恐竜ロボット」が対応してくれたりします。単純作業はこのようにどんどん、ＡＩに取って代わられるのです。

そうなると、経営者はますます売上を追うこと以上に、理念やビジョンを語ることが大事になってきます。AIが理念やビジョンを語ることはないのですから。逆に理念もビジョンも語れない経営者は、AIに居場所を取られる可能性がなきにしもあらずです。

経営者が理念やビジョンを語るメリットは、「なぜ、私たちは仕事をするのか？」「なぜ、この会社に所属しているのか？」といった価値観を、社員全員と共有できることです。それにより、社員一人ひとりが会社に貢献できているという実感が生まれ、モチベーションの向上やエンゲージメントをしっかり感じてもらえるようになるので、生産性アップ、さらには社員の定着率の高さにもつながります。

理念やビジョンはホームページの会社概要に掲載するだけで終わってはいけないのです。これを経営者自らが従業員に語る、そして社会に向けて語るということが大事なのです。

経営者が語る理念、ビジョンは、未来を語る共感ストーリーです。まだ見ぬ未来を語ることで、従業員の心を動かし、行動させる力を与えることができます。

例えば、未来を語る共感ストーリーとしての代表例として挙げたいのが、196

3年のアメリカの公民権活動家、マーティン・ルーサー・キング・ジュニア牧師のスピーチ。「私には夢がある（I Have a Dream)」というタイトルで知られる、有名な演説です。

私には夢がある。それは、いつの日か、ジョージア州の赤土の丘で、かつての奴隷の息子たちとかつての奴隷所有者の息子たちが、兄弟として同じテーブルにつくという夢である。

私には夢がある。それは、いつの日か、不正と抑圧の炎熱で焼けつかんばかりのミシシッピ州でさえ、自由と正義のオアシスに変身するという夢である。

私には夢がある。それは、いつの日か、私の4人の幼い子どもたちが、肌の色によってではなく、人格そのものによって評価される国に住むという夢である。

今日、私には夢がある。

私には夢がある。それは、邪悪な人種差別主義者たちのいる、州権優位や連邦法実施拒否を主張する州知事のいるアラバマ州でさえも、いつの日か、そのアラバマでさえ、黒人の少年少女が白人の少年少女と兄弟姉妹として手をつなげるようになるという夢である。
今日、私には夢がある。

この未来を語る共感ストーリーは人種の壁を超えて、多くの人々の心を動かしました。

人は、イメージできないものに対しては行動ができません。まだ来ていない未来ではあるけれど、経営者として、会社として、叶えていきたい未来を語ること。それにより従業員たちに夢と希望を与え、実際に行動してその未来を叶えたいと行動を促す力を与えることができるのです。

新商品などを紹介する●プレゼンテーション

スーパーの野菜売り場に山盛りに置かれているキャベツ。大きさもほぼ同じだし、どれを選んでいいのかわからない。

ですが、その隣に、「長野の農家・山田和夫です。南アルプスの美味しい水で育てた自慢のキャベツです」と、クシャクシャとした親しみのある笑顔の写真と一緒にコメントが添えられているとしたら、どうでしょう？

「どうせなら山田さんのキャベツにしようかな」と選んでしまう方が多いのではないでしょうか？

ただのキャベツ、どれも同じキャベツから差別化した、価値あるキャベツに変わった瞬間です。

新商品やサービスをプレゼンテーションするときも同じ。

その商品・サービスとあなたとの関わり、そして思いを語る共感ストーリーを語ることで、その他のたくさんある類似した商品・サービスから一歩抜け出すことができます。

具体的には、「なぜ、この商品ができたのか？」といった開発秘話、「なぜ、私がこの商品・サービスを広めたいのか？」という思いです。

これを伝える共感ストーリーをつくるのです。

特に大事なのが「なぜ、私がこの商品・サービスを広めたいのか？」という思い。

「いやー、上司からきっちり宣伝するように言われているんで……」では、せっかくのプレゼンが台無しです。

どんなにすばらしい商品サービス、そして開発秘話がグッと惹きつけるものだったとしても、最後のキモは、プレゼンテーターであるあなたの熱量がどれだけあるか、ということなのです。

初対面の人との出会いをつかむ●自己紹介

「自己紹介が悩みです」というビジネスパーソンは非常に多いです。

緊張してしまうとか、何を話せばいいのかわからないといった、さまざまなタイプのお悩みが寄せられます。

初対面の相手に会う場面では必ず自己紹介があります。しかし、多くの方がたいした準備もせず、新しい出会いの場に出かけていきます。そこで、最初に自己紹介を促されても、「えー、急に言われても……」という状態になってしまうケースが多いのです。

そこで「すみません、何も考えてこなかったんですが」などと言い訳をはじめたり、自分でもはっきりわかるほどつまらない内容の自己紹介を始めてしまうのは、本当にもったないことです。

ビジネスパーソンなら、さらりとスマートに自己紹介をして、「さすが！」と思われたいものです。ぜひ、ビジネスマナーのひとつとして、自己紹介をあらかじめ準備しておきましょう。


おススメは、15秒と30秒、そして1分という、話の長さによって3パターンの自己紹介フォーマットを持つことです。

15秒は、名刺交換のとき。そう、名刺を交わすときの会話も、実は自己紹介なのです。

30秒は、名刺交換したあとで、もう少し自分のことが話せる時間がある場合。自己紹介スピーチなら、「短めでお願いします」と言われたときですね。

そして1分。こちらは自己紹介スピーチでも、ある程度、時間の余裕があるときです。

ここで共感ストーリーを語るとしたら、30秒のパターンと、1分のパターンの自己紹介が有効です。

以下は、講座受講生である経営コンサルタントの方の1分スピーチでの自己紹介例です。

中小企業の社長さんのために、夢や自己実現をサポートするコンサルタントのNです。

4年前まで外資系企業で社畜のように働き、会社の売上だけをひたすらを追いかける日々を送っていました。

そんなとき、「うっ……」と電車の中でいきなり、胸の痛みに襲われました。心筋梗塞です。そのまま、緊急手術をし、2ヶ月の闘病生活がはじまりました。

「僕はいったいどうしていきたいのか？」と、入院生活の間、自分の新しいあり方、生き方を考えました。

そして今は、人の人生と経験と直観を大切に、楽しく、笑顔とワクワクを感じながら一緒にチャレンジするスタイルをとっています。

個人個人が輝いて、その魅力と可能性を最大化するサポートをする。そしてその人が影響力をもち、世の中での発信力をつけて、新しいカタチで稼いでいける。

そんな日々幸せな感覚をもっていられる世界をつくっていきたいと思っています

いかがでしょうか？

Nさんの死を意識した経験からの力強い言葉、説得力のある自己紹介です。

それと対比して、彼のクライアントになるとこんな幸せな未来に一緒に行けるんだ！　という未来像がイメージできて、より響く言葉になるのです。

就職・転職活動で選ばれる●自己PR

アナウンサー試験での面接でいちばん大事ことだと指導しているのが自己PRです。一般企業の就職・転職活動でも、「自己PRを制する者は面接を制する」と思っています。

面接での自己PRは、誰でも最初にしなければいけないものです。そこで、自分が言いたいことをしっかり伝えられたら、その後の一問一答も、自信をもって採用担当者とやりとりができます。

逆に緊張してしまったり、大したことが言えなかったと落胆してしまうと、ネガティブな気持ちをぬぐえないまま、一問一答に突入しなければならなくなります。そして「どうして弊社を志望されたのですか？」という初歩的な質問さえ、圧迫されているように感じて、自滅してしまいます。

ですから、就職・転職活動では、自己PRは非常に大事なのです。

まずはどれぐらいの長さで話すのか？　特に時間指定がない場合もありますが、1分と30秒の2パターンを用意しておくといいでしょう。1分は文字数にしておよそ300文字。30秒は150文字ぐらいです。

話の内容としては、「私は大学の勉強を頑張ってきました」とか、「パソコンの資格を持っています」とか、ついつい自分のスペック話をしてしまいがちですが、同じレベルのスペックを持っている人はいくらでもいて、それこそ同じ面接の現場に来ている人の中にも何人もいるでしょう。

何度も言うように、ここで必要なのは特別なスペックではなく、伝わる共感ストーリーです。

自己PRも前述の自己紹介同様に舞台やテーマをひとつに絞って、共感ストーリーを語るといいでしょう。以下も私の生徒の参考例です。

こんにちは。××大学3年生のRです。
「いっぽん！　そ〜れ！　いっぽん！」
大学では体育会女子バスケ部に所属し、日々練習に励んでいました。

なかなか試合に出ることができず苦しみましたが、チームに貢献したい思いから、悔しい思いを抱えながらも、周りを鼓舞し、誰よりも声を出しました。

大会中は全試合、リードボイスとしてベンチから「いっぽん！　そ〜れ！いっぽん！」と声を出し、選手が戻ってきたときは、外から見てわかることをアドバイス。私ができることに全力を尽くしました。

私が率先して言うと、周りもおのずと言うようになり、お互いの改良すべき点を言い合えるチームをつくることができました。3年間悔しい思いをするほうが多かったのですが、「あなたがいるときといないときでは、部活の雰囲気がまったく違う」と言われ、部員からも認めてもらうほど、雰囲気づくりに貢献できました。

大学3年生の12月には毎日放送の総合職に内定したRさんの自己PRです。

学生時代にバスケ部に入っていたという人は、他にもいくらでもいるでしょう。でも、共感ストーリーならではの乗りやすい話の運びや、「いっぽん！　そ〜れ！　いっぽん！」という元気いっぱいの声がけが挟み込まれていたりして、臨場感あふれる自己PRができあがりました。

「レギュラーとして試合の出場はなかなかできなかったけど、その分、かけ声でチームを盛上げて貢献した」という共感ストーリーです。

結果、Rさんはさほど緊張することなく、最終面接まで5回もあった面接を突破し、見事、大手テレビ局に内定いたしました。

第３章

共感ストーリーをつくってみる（実践編）

1 選ばれるリーダーになる「理念・ビジョンスピーチ」のつくり方

前章では共感ストーリーのつくり方について解説しましたが、引き続きこの章では、実際に共感ストーリーを作成していくプロセスを、私のクライアントを実例として、説明していきます。

お読みいただきながら、具体的に共感ストーリーを築いていくステップを体験していただきたいという試みです。私と彼らとのやり取りをドキュメント風に綴ってみます。

元銀行員で、財務コンサルタントとして独立したOさん（男性）。

これから事業を拡大させていく中で、影響力のある話し方で人の心を動かす必要性を感じたとのことで、一緒に選ばれる経営者・リーダーになる「理念・ビジョンスピーチ」を作成いたしました。

まずは、銀行員時代から独立後の共感ストーリー感情グラフを、下記のように書いてもらいました。

パッと目についたのが、独立前に、グッと不快な感情にグラフが下がった『A社の事案発生』という記述。

「これは何があったのですか？」

「はい、これは銀行員としての限界を感じたときのことですね。これを機に独立を決意しました」

［Oさんの共感ストーリー感情グラフ］

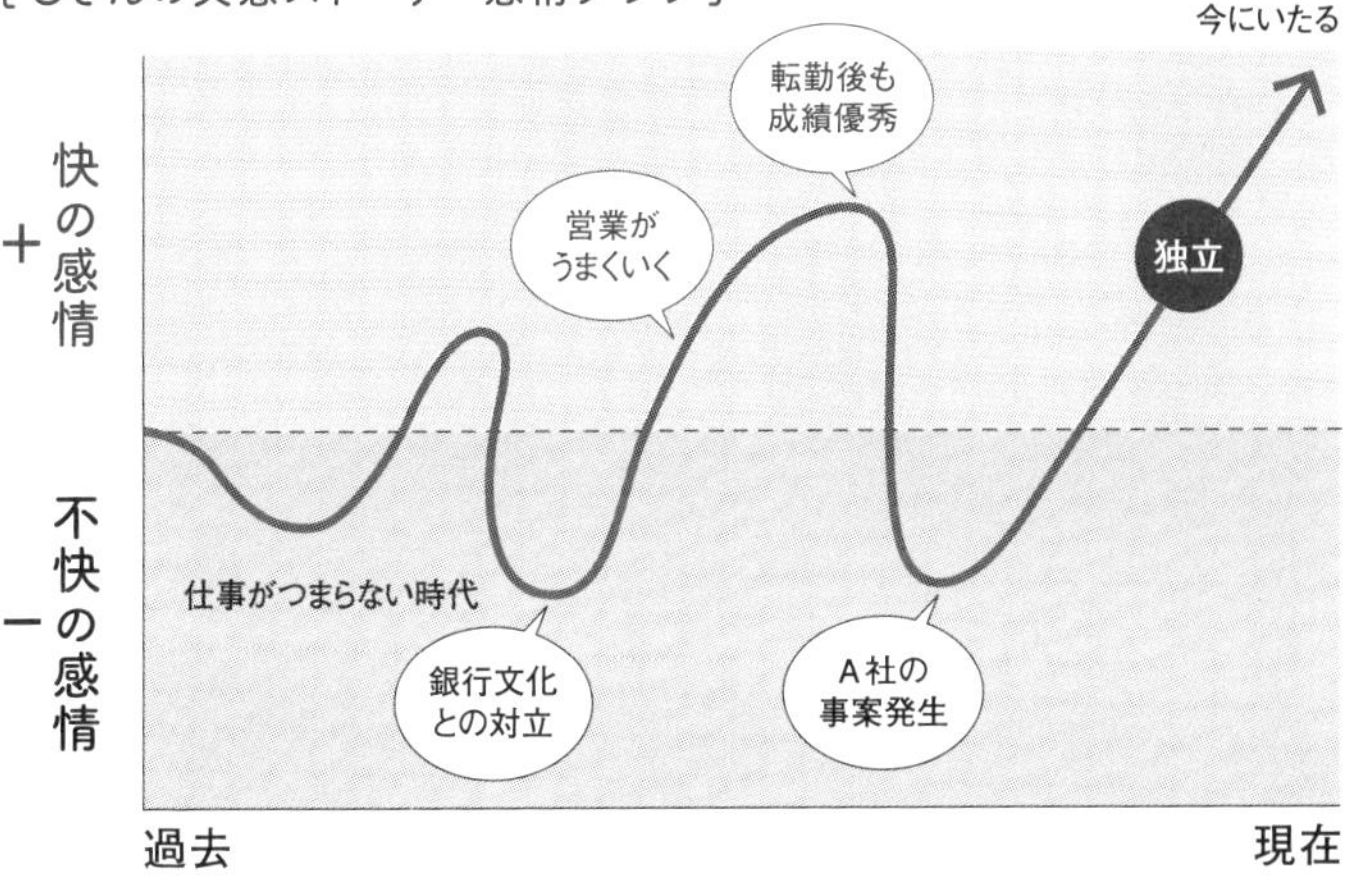

不快の感情で直近でいちばん下に振り切れているのが「A社の事案発生」。この詳細をリサーチしながらダイナミックな共感ストーリーを組み立てる。

「いいですね！　では、これで共感ストーリーを書いてみましょうか」

その「A社の事案発生」の詳細はどういう話で、なぜそれを機に独立しようと思ったのか？　そして今、どういう思いで、これから誰の、何の役に立ちたいのか？

これをベースに未来の共感ストーリーを語りましょう、ということになりました。


共感ストーリーを作成するにあたっては、第2章でも触れた以下の6つの質問に答えることから、語る要素を組み立てていきます。

❶感情が大きく揺れたのはどんな経験だったのか？
❷その経験で感じた感情は？
❸その経験で得た気づきとは？
❹気づきを、どのように学びに変えたのか？
❺学びから、どんな行動をしたのか？
❻結果、どんな状態なのか？

これらの質問に対する答えをOさんに記入してもらうと、次のようになりました。

❶感情が大きく揺れたのはどんな経験だったのか？
↓銀行員時代のクライアントである社長が追加融資を受けられず、倒産。人生が崩れていくのを目の当たりにした。

❷その経験で感じた感情は？
↓社長を助けることができなかったという無力感。自分の非力さを感じた。

❸その経験で得た気づきとは？
↓銀行員としてクライアントにできることの限界を感じた。

❹気づきを、どのように学びに変えたのか？
↓社長を助けるためには、深く入り込んで何かが起こる前から予防的な措置をとる必要がある。銀行員のままでは企業の存続と発展に貢献することが

できない。

❺ **学びから、どんな行動をしたのか？**

↓社長に寄り添う仕事がしたいと銀行から独立。財務コンサルタントとしての活動をスタート。

❻ **結果、どんな状態なのか？**

↓思いを持って事業を始めている社長の夢を守りたい、背中にそっと手を添える存在でありたいと思い、社長の夢を応援するサポートをしている。

「Oさん、書いていただき、ありがとうございます。こちらの質問の答えをベースにして共感ストーリーの原稿を書いていきましょうか。この話をする相手は誰ですか？」

「相手は、中小企業の社長さんですね。財務コンサルタントってちょっと固いイメージなので、自分の人柄とか、こういう思いで仕事をしているということを、自社主催の講座で伝えたいです」

「では、講座で中小企業の社長さんたちに向けて語ったときに、彼らにどう行動させたいですか？　ゴールを決めたいのですが」

「そうですね。信頼してもらって、これを機にいいお付き合いが始まると嬉しいです」

❼聴き手は誰なのか？

↓自社主催の講座に参加する中小企業の社長。

❽聴き手にどう行動させたいのか？　何をゴールにするのか？

↓自分がどういう人なのか人柄を伝えて、信頼されたい。これをきっかけにいいお付き合いがはじまることがゴール。

「なるほど。では、講座で初めに挨拶をするときにこの理念、ビジョンスピーチを語るといいですね。講座の最初に受講者さんの心をギュッとつかみましょう」

そして、できあがった原稿はこちら。

銀行員として10億くらいの売上を持つ企業を担当させてもらえることになった時の話です。ある企業（A社）の担当になったとき、私はうれしく思っていました。企業規模が大きいと、動く融資の金額も大きくなるのでと意気込んでいたのです。

しかし、実際担当してみると、A社は借入が多すぎて、もう追加融資ができる状況ではありませんでした。そんな中、売上金の回収が不可能という事態になったA社は、銀行への返済ができなくなってしまいました。

私は、銀行本部に対して説明資料を作成する必要があったので、A社の社長と面談しました。その時、社長からいろんな銀行から資料を求められているけど、正直、銀行から何を求められているのかわからない。資料も何をどうつくっていいのかわからないという話がありました。私がA社の事業構造を紐解き、図や表を使いながら説明をしてみたところ、社長は非常に喜んでくれました。

その直後です。社長は突然、大粒の涙を流して泣き出してしまいました。社長は当時40代半ばで、奥様と小学生のお嬢さんがいました。家も売らなければならない覚悟についてもお話されていました。

もっと早く出会えていたら何かできていただろうか？

そう思いつつも、その後、私は転勤して、別の支店に移ることになりました。そして1年ほど経過したとき、A社が倒産手続きに入ったという話を耳にしました。

もっと早く知り合っていれば。もっと深く入り込んでいれば。もっといろいろ伝えることができていれば。社長は、きっと今でも精力的に事業に取り組めていたかもしれません。奥様やお子様の暮らしをしっかり守れたかもしれません。社長の周りで、幸せになる人も増えていたかもしれません。

そんな企業の悲しい事例をつくりたくない。その思いを叶えるためには、一銀行員としては限界があります。私は銀行から独立し、財務コンサルタントとして今、社長に寄り添い、社長の思いを叶えるサポートをしています。

日本では、年間10万社以上の企業が設立されています。

ですが、企業の生存確率は非常に低いものになっています。ただの数字管理ではない「財務」。その数字から何を読み解くのか。まだ知らない企業に、経営者に、数字の見方を届けたい。10万社の会社ができる、ということは、10万人の経営者が誕生している、ということです。夢を持って、思いを持って事業を始めています。その夢を守りたい。羽ばたくお手伝いがしたい。背中にそっと手を添える存在でありたいのです。

「Oさんの思いが描かれていて、いいですね。ただ少し、言葉や背景が難しいような気もしますが、これは中小企業の社長さんが相手だからということでしょうか？　聴き手にわかりやすく、さらに自分に必要な話だと思ってもらえたらいいのですが」

「そうですね。他人事じゃないなと思ってもらえるのではないでしょうか」

「なるほど。あともうひとつアドバイスするとしたら、会話を入れたいですよね。Oさんの一人語りになっているので、社長さんの言葉が入ると臨場感が出ますよ」

「わかりました。もう一度、書いてみます」

以下は、Oさんが作成した「選ばれる経営者・リーダーになる【理念・ビジョンスピーチ】」の3分バージョン原稿になります。

銀行員として10億くらいの売上を持つ企業を担当させてもらえることになったときの話です。

ある企業（A社）の担当になったとき、私はうれしく思っていました。企業規模が大きいと、動く融資の金額も大きくなるので、「大きい金額の融資を取り扱えるぞ！」と意気込んでいたのです。しかし、実際担当してみると、A社は借入が多すぎて、もう追加融資ができる状況ではありませんでした。さらに、売上金の回収ができないという事態になったA社は、銀行への返済も不可能になってしまいました。

私は、銀行本部に対して説明資料を作成する必要があったので、A社の社長と面談しました。その時、彼からこんな言葉が出てきたのです。

「いろんな銀行から資料を要求されているけど、正直、銀行から何を求められているのかわからない。借入は返済しなければならないと思っているが、資料の作成を求められて事業に取り組めない。資料も何をどうつくったらいいかわからないんだ」

私は、A社の事業構造を紐解き、図や表を使いながら説明をしてみました。社長は顔を明るくして「そういうことだったのか！ これならつくれるよ。銀行にも『こうやって返済していきます』って説明資料もつくれるね！」と非常に喜んでくれました。

その直後です。社長は突然、大粒の涙を流して泣き出してしまいました。

「悔しいね。俺は一生懸命頑張ってきた。利益も出してきた。その中で銀行の支店長が来てくれて『困ってる時はいつでも、いくらでも貸すから！社長の事業を応援するから！』と言ってくれて、借りなくてもいいお金を借りさせられたこともあって。こういう状況になった途端に鬼のように担当者から責められて。支店長は出てこない。どうしてこんなことになってしまったんだろうな」

社長は当時40代半ばで、奥様と小学生のお嬢さんがいました。家も売らなければならない覚悟についてもお話されていました。その後私が転勤して、別の支店に移ってから1年ほど経過したとき、A社が倒産手続きに入ったという話を耳にしました。

もっと早く知り合っていれば、もっと深く入り込んでいれば、もっといろいろ伝えることができていれば、A社の社長は、きっと今でも精力的に事業に取り組めていたでしょう。奥様やお子様の暮らしをしっかり守れたでしょう。社長の周りで、幸せになる人も増えていたでしょう。そんな企業の悲しい事例を、つくりたくない。

日本では、年間10万社以上の企業が設立されていますが、その後の生存確率は非常に低いものになっています。ただの数字管理ではない「財務」。その数字から何を読み解くのか。まだ知らない企業に、経営者に、数字の見方を届けたい。

10万社の会社ができる、ということは、10万人の経営者が誕生している、ということです。夢を持って、思いを持って事業を始めています。その夢を守りたい。羽ばたくお手伝いがしたい。「大丈夫、きっと良くなるよ、一緒にがんばろうね」と声を掛けてあげたい。

そんな背中に、そっと手を添える存在でありたいのです。

「もっと早く知り合っていれば、もっと深く入り込んでいれば、もっといろいろ伝えることができていれば」。Oさんはそんな思いを胸にたくさんの経営者の夢を応援したいと独立されたという共感ストーリーです。心にグッときます。

口述して3分に相当する文字数は900字くらいなので、1200字以上あるOさんのストーリーは、若干長めではありました。ですが、Oさんは自社主催の講座を開催されているということで、多少長くなるのは許容範囲として、「ぜひ、講座のはじまりで参加者のみなさんにOさんの思いを伝えてください」と、この原稿のボリュームで語っていただくことにしました。

それからこんなアドバイスもしました。

「できあがった原稿はしっかり、声を出して読んで違和感ないかをチェックしてくださいね。あと、原稿はもちろん、見ないように。見るとしても、キーワードのメモ程度でいきましょう。」

多くの方がスピーチやプレゼン原稿を作成すると、どうしても、本番で話している

最中にそれを見てしまうのです。語る主役としては、しっかりと顔を見せて堂々と語るほうが、聞いている人たちの印象はよくなります。Oさんは「もちろんです！　顔をしっかり見せて、受講者さんに自分の思いをしっかり伝えます」と満面の笑みで応えてくれました。

その後、Oさんから嬉しいご報告をいただきました。

「公子さん、講座でビジョンの共感ストーリーを語ったところ、講座の最初からみなさん、うんうんとうなづいて、共感してくださいました。そのあとも、集中して話を聞いてくれたように思います。
講座後には『銀行員時代の社長さんとの話、最高に素敵でした。Oさんの思いや人柄がより深く理解できてうれしく思いました』などなど、仕事のあり方やクライアントへの思いが素晴らしいと皆さんに言っていただきました。とても嬉しいです！」

その他、一緒に飲みましょう、一度ゆっくりお話したいです、というメールもいただいたそうです。

このご報告を聞いて、私も自分のことのように嬉しく思いました。

今回は講座のスタート時にビジョンを語る共感ストーリーを語り、参加者さんの心を最初につかむことをゴールとしました。もちろん、講座以外の現場でも、使えるビジョン共感ストーリーです。

今後は、1分で語る場面では300文字前後、3分で語る場面では900文字前後と、シチュエーションごとに原稿の文章をそぎ落として、話せばいいのです。

話し方のポイント 1

▼聴き手の心をつかむエピソードがあれば、多少話が長くなっても構わない。

▼本番で話すときは極力、原稿を見ないように。

2 初対面の人との出会いをつかむ「共感ストーリー自己紹介」

一級建築士の夫婦で工務店を経営しているＩさん（女性）。

自己紹介でいったい何を話していいのかわからない、それもどうせなら相手に記憶に残る自己紹介が話せるようになりたいという思いから、一緒に「共感ストーリーによる自己紹介・３分バージョン」をつくることになりました。

ちなみに、自己紹介は自分のことを相手に伝えるという意味では、趣味や特技といったプライベートなことも語るのも効果的ではあります。**ですが、経営者として仕事につなげたいという思いがあるなら、仕事に特化した共感ストーリーを語ることをお勧めします。**

Ｉさんにも共感ストーリー感情グラフを書いてもらいました。

グラフを見るとググっと下がった箇所に、『あなたは建築士ではないのに、でしゃばるなと言われる』と、驚きの一言が書いてありました。

「これは誰に言われたんですか？」

「お客様です。電話がかかってきたのです。彼女は建築士でもないのに、住まいの提案とか接客をしてますよねって」

「そうでしたか。それはショックでしたね」

「はい、結果として、それが建築士の資格を取ろうと思ったきっかけになりました」

「そうなんですね。傷つく経験でし

〔Iさんの共感ストーリー感情グラフ〕

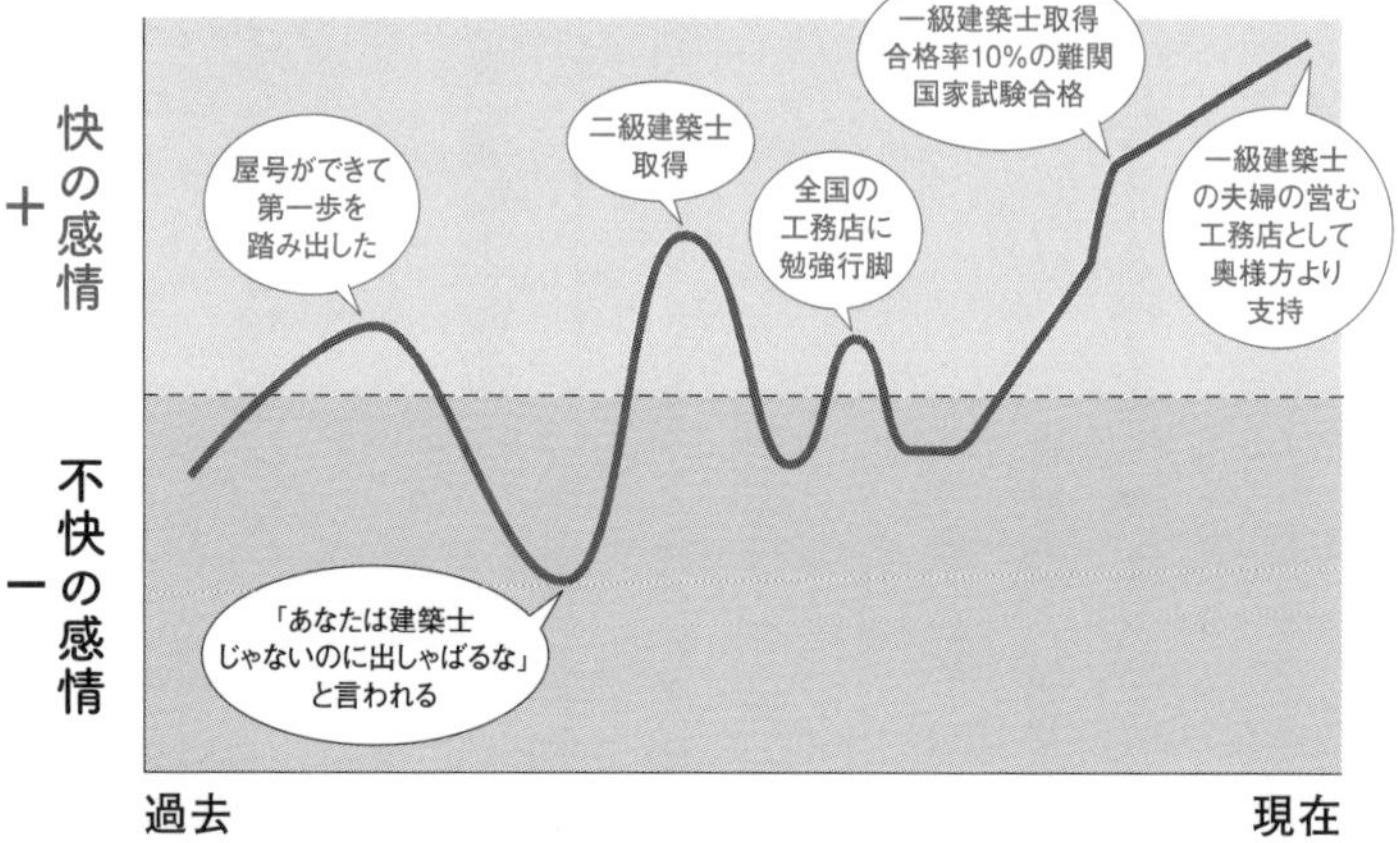

グラフで最も下がったところに「あなたは建築士ではないのに、でしゃばるなと言われる」。本人にとって大きな出来事であるのが一目でわかる

たが、ぜひこれを共感ストーリーで語りたいですね。ご夫婦で一級建築士というだけでも、初対面の相手に覚えてもらうことはできます。でもそこに、今まで語られることがなかった陰ながらの努力や葛藤を共感ストーリーで語ると、さらにＩさんの魅力が伝わりますよ」

「そうなんですね！　頑張って書いてみます！」

前述の６つの質問に答えてもらうと、このようになりました。

❶感情が大きく揺れたのはどんな経験だったのか？

↓お客様から夫へ「彼女は建築士ではないのに出過ぎたことをしているんじゃない？」と電話があった。

❷その経験で感じた感情は？

↓悲しみと夫への申し訳ない気持ち。

❸その経験で得た気づきとは？

↓落ち込んだけど、仕事は人のお役に立てるし、楽しくやり甲斐があったので続けたいと思った。

❹気づきを、どのように学びに変えたのか？

↓誰に何も言われず、自信をもって仕事ができるようになりたい

❺学びから、どんな行動をしたのか？

↓合格率10％と難関の一級建築士を目指すと決めて勉強を始めた。

❻結果、どんな状態なのか？

↓13年後に一級建築士に合格。一級建築士夫婦が営む工務店となり、奥様に支持される。自信をもって仕事ができる自分になれた。

「Iさん、書いていただき、ありがとうございます。この話をする聴き手・相手は

誰ですか？」

「地元の女性交流会に参加することが多いので、女性です。だいたい30代から50代ぐらいの」

「では、その女性たちに向けて自己紹介したときにどう行動させたいですか？」

「まずは私に興味を持って覚えてもらいたいです。そして家づくりに興味ある方とつながりたいです。あちらから声をかけてもらいたいです」

❼ 聴き手は誰なのか？
↓地元の女性交流会でご一緒する30代から50代の女性。
❽ 聴き手にどう行動させたいのか？　何をゴールにするのか？
↓自分に興味を持ってもらい、覚えてもらう。そして家づくりに興味ある人たちとつながり、あちらから声をかけてもらう。

「では、これらの要素を入れて原稿を書いてみましょうか」

Iさんとは数回、メール添削のやり取りをしました。このような感じです（流れをわかりやすくするために、私の添削の内容も併記します）。

こんにちは。Iと申します。
夫婦でともに一級建築士として愛知県西尾市で工務店していて、お家造りに関するたくさんの打ち合わせを夫婦で行っているのですが「同じ家族という立場で話せるので、何かとわからないことが多くて不安な家造りの話も相談しやすい。安心できる」と言ってもらえています。

↓一文が長いので、短かくしましょう。文章を2つに分けましょうか（松下）。

でも実は、私は最初から建築士という仕事をしていたわけではないんです。結婚して、大工であり建築士の夫から、仕事を手伝ってほしいと言われたことがきっかけでした。それまでは普通の主婦をしていました。手伝いをするために最初はICという資格を取って、お客様に住まいの提案をしていたのですが、当時大工をしていた夫と結婚し、それまで普通の主婦だった私は、ICという資格をとり打ち合わせに参加するようになりました。

→この説明、もっと短くていいですね(松下)。

ある日、お客様から夫へ電話がありました「彼女は建築士ではないのに出過ぎた事をしているんじゃない?」という内容で、私はとても悲しくなりました。手伝って欲しいと言った夫にも申し訳ない気持ちになりました。でも、人に役立つ仕事は楽しくやり甲斐があって、この仕事は続けたいと思っていたので「建築士資格をとろう」ということを心に決めました。とはいえ、そんなに簡単になれるものではありません。13年後に一級建築士となり、夫婦で一級建築士が設計する工務店となりました。

→この流れ、いいですね。スッと頭に入ってきます(松下)。

時々開催する完成見学会には毎回たくさんのOBさんが来てくれます。OBさんは「今回も素敵な家ができましたね！でも、僕は自分の家のほうがやっぱり好きだなー」と言われます。ご自分の家造りをやりとげているので、自分たちの暮らしには1番合っていると言い切れるのです。これから起きる未来について心配すればきりがありません。普通の主婦だった私も、まったく同じ悩みを抱えて家造りをしましたので、今でもみなさんの不安や心配がとても理解できます。

→OBさんという言い方が耳で聞いてすぐにわかりますか？　日本語に直せるとしたら直しましょう（松下）。

でも、心配ばかりしていても良い家はできません。その心配は「長い先、ずっと同じ家で暮らすことが可能だろうか」というものだと思うのです。家造りでの心配事が家を造る楽しみに変わる。そのために大切な3つのポイント、「❶本物の素材を使う」「❷身の丈にあった暮らしを考える」「❸ライフステージの変化を知り未来にもフォーカスする」、この3点に自分なりの答えを出したら、あなたも「自分の家が一番だよ」といえる人になれます。

↓3つのポイントというナンバリングで伝える話法はわかりやすいですよね。ただ、自己紹介の最後の付け足しのようなものになっているのがもったいないです。それぞれに具体的な話がないと相手はさらりと聴き流してしまい、意外と内容を覚えていないものです。今回は大事なことひとつに絞って伝えましょうか（松下）。

よろしくお願いいたします。

↓聴き手で家づくりに興味がある人には声をかけてほしい、ということでしたね。そのフレーズを入れましょう。「よろしくお願いいたします」だけでは、なかなか相手の行動を促せないと思います（松下）。

できあがった原稿は、今回3分バージョン、900文字で作成してもらいました。
Iさんがつくり上げた共感ストーリー自己紹介はこちらです。

こんにちは。Iと申します。夫婦でともに一級建築士として愛知県西尾市で工務店しています。お家造りで直面するたくさんの打ち合わせを、お客様とおなじ、家族という立場ですることで、相談しやすくて安心できると言っていただけます。

でも実は私、最初から建築士という仕事をしていたわけではないのです。当時大工をしていた夫と結婚し、それまでは普通の主婦でした。手伝いとして事務やアドバイスなどの接客をしていました。

そんなある日、お客様から夫へ電話がありました。

「彼女は建築士ではないのに出過ぎた事をしているんじゃない？」

という内容でした。落ち込みました。手伝って欲しいと言ってくれた夫にも申し訳ない気持ちになりました。

でも、この仕事は人に役立つことができ、楽しくやり甲斐がありましたので、続けたかったのです。そこで、なんと「建築士資格をとろう」ということを心に決めました。

とはいえ、合格率は10％の難関です。ご想像のとおりそんなに簡単に取れるものではありません。

それから13年後に一級建築士となり、夫婦で一級建築士が設計する工務店となりました。時々開催する完成見学会には、以前うちでお家を建てられたお客様がたくさん来てくれます。そして「今回も素敵なお家ですね！でも、僕は自分の家が一番気に入っています」と仰います。みなさん、自分たちにあった暮らし方を見つけ、それに合わせた家づくりができたからこそ、自分の家が一番だと言い切れるのです。

これから起きる未来について心配してもきりがありません。普通の主婦だった私も、まったく同じ悩みを抱えて家造りをしました。むしろ、私のほうが今でも心配症で、お客様より先回りして考え込むこともあります。でも、心配ばかりしていても良い家はできません。心配のもとを辿っていくと、そこには、大切だからこそ長い間、綺麗なまま、気に入った状態で住み続けたいという希望があるのだと気づきました。

家造りでの心配事が家を造る楽しみに変わる。きっと、自分の建てた家が一番のお気に入り！　と言えるようになる。そんな家づくりにご興味ある方は是非、お気軽にお声がけください。

どうぞよろしくお願いいたします。


いかがでしょう？

お客様のクレームから一級建築士を目指して合格したというインパクトからのはじまり。そして、お客様の心配事は楽しみに変わるというなんとも心強いメッセージ。信頼感を感じますね。こちらで８９８文字になります。

Ｉさんが当時、共感ストーリーをつくったときのことを振り返ってくださいました。


「自分がどのようにして建築の世界に入ったのか、共感ストーリー感情グラフを使って振り返りをしました。そこから、バイオグラフィーとして自分の半生を取り出し、仕事に対して意識が変わるような出来事を取り出しました。正直、自己紹介に個人的な経験を掘り出すことにどんな必要があるのか不思議に思いながら進めました。

数回にわたり、抽出した内容を公子さんに見てもらい、私のオリジナリティにつながることや私に興味を持ってもらえるような出来事に対して、的確に添削をしてもらいました。

自分では当たり前すぎて、特別に感じてないことで気づくことが難しいものが多かったです。逆に、自分では大きな出来事も、いらないと教えてもらったりして意外な点もありました。さらに、文字数に制限があった点が難しかったです。

自己紹介をつくる中で気づいたのは『仕事に対する思いを伝えることより、自分の紹介というのは事実に基づく自分の歴史に興味を持ってもらえる形で人に伝える事なんだ』ということ。

また、私という個人が必要とされるためや、一人の人として興味を持ってもらえたり、記憶に残してもらえたり、魅力を感じてもらうために、伝えたいと思う共感ストーリーをつくり出すことなのかなとも思いました。

共感ストーリー自己紹介作成後の変化としては、自己紹介をするとき、他の人にはない自分の良さを知ってもらえるように、常に考えるようになったこと。また、SNS発信をするときにも、他の人ではなく、私だからできることや、伝えられることを意識して言葉を選ぶようになりました。

『自分の成長とともに自己紹介が変わる』と公子さんが講座で言っていましたが。もうすでに私の自己紹介は変わっています。

今は、『本物の素材を使って夢を実現する力を育む家づくりをすることで、社会で活躍している女性が癒される住まいを提案できる建築士です』という内容の共感ストーリー自己紹介を話そうと思っています」


さらに進化されているIさん、素晴らしいです。

さて、自己紹介について一言、付け加えますと、自己紹介は「今の自分」を表現するものです。

具体的には、今、何をしている人のか？　さらに、今後は何をどうしていきたいのか？　といった展望や夢など、今の自分の状態やあり方を相手に対して表現するものです。

ですから、新しいことに挑戦したり、行動が早い方は、進化するスピードも速いので、自己紹介の内容もどんどん変化していきます。

ひとつの目安として、１年前ごとに自己紹介の見直しをするといいですよ。

今回、お二人の例を出させていただきました。

共感ストーリーグラフを書いたクライアントの皆さんからは、「過去、現在、未来、全部、つながっているのですね」「生い立ちの中での色々な経験。いいことも、悪いことも全部、自分にとってのリソース・資産なんですね」などと言っていただいています。

まずは共感ストーリー感情グラフを書いてみてください。

そこから思わぬ発見や眠っていた思いを見つけることができるかもしれません。
そして、この共感ストーリーを誰に語るのか？　そしてどう行動してほしいのか？
そのゴールからの逆算で考えてネタを決めて、書いていきましょう。

話し方のポイント
2

▼ショッキングな出来事は共感ストーリーを語るフックになる。
▼誰に語り、どのように行動してほしいのかを意識しよう。

第4章

選ばれる人の「見た目演出術」

1 聴き手を一瞬でつかむ「見た目」

「メラビアンの法則」というのを、ご存知でしょうか？

これは、アメリカの心理学者。アルバート・メラビアンが提唱した、非言語コミュニケーションの重要性を説く法則のことです。人間が他者から受け取る情報の割合は、以下のように分類されるそうです。

・視覚情報55％（見た目・表情・しぐさ・視線など）
・聴覚情報38％（声のトーン・速さ・大きさ・口調など）
・言語情報7％（話の内容など）

メラビアンの法則

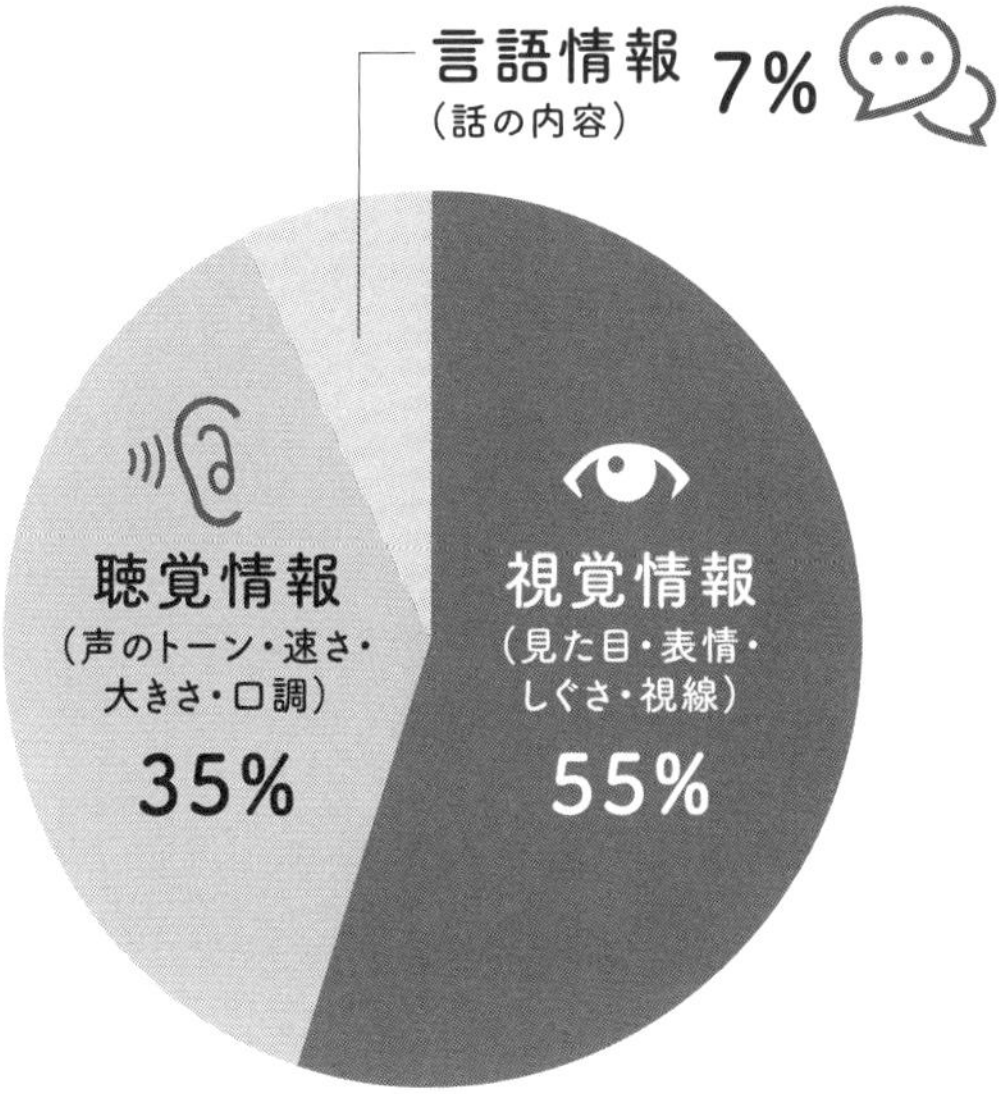

人が相手を判断するときは過半数以上、見た目をメインにした視覚情報を優先する

つまり、人は言語情報（話の内容）よりも、見た目・表情・しぐさ・視線といった視覚情報で相手の人を判断してしまうということです。

「え、ということは、これまで学んできた話の内容（共感ストーリー）って意味がなかったのでは!?」と思われるかもしれませんが、ちょっと考えてみてください。

実は、人は相手の印象を7秒で決めると言われています。その7秒はいったい、どこから計り始めているのでしょうか？

例えば、リーダーとして前に出てスピーチをするときに、あなたはステージに立つ前から、聴衆に見られています。「では○○様、お願いいたします」と司会から声をかけられたとき、あなたはステージに立つまでに、歩いて前に進んでいきます。

そう、スピーチする前からあなたは見られているのです。もっと言えば、会場に入ったときから「あ、○○さんだ」と見られているかもしれません。

そのときにはまだ、あなたは言葉を発していません。誰ともコミュニケーションをとっていません。それでも「○○さんって、さわやかな感じの良さそうな方だな」とか「堂々とした威厳のある方だな」と、知らない間に相手はあなたを「こういう人なんじゃないか」と勝手にイメージしているのです。

では、その判断はどこでするのかというと、「見た目」なのです。

ご自分でも振り返ってみてください。「あの人と話してみたい」「仲良くなりたい」と思う最初のきっかけは、見た目の印象が大きく左右していないでしょうか。

もちろん話す内容が何よりも重要であることは大前提ですが、ここで大事なのは、

「共感ストーリーを語る主役としてふさわしい見た目を演出する」

ということです。

見た目は最初のつかみです。「もっとこの人のことが知りたい」「話を聞きたい」と思ってもらえる、本章ではそんな見た目の演出術についてお伝えしていきます。

話し方のポイント 1

▼人はまず視覚情報から相手をのイメージを判断する。
▼共感ストーリーに見合った見た目を演出しよう。

2 「パッと見」の0・5秒は「色」で判断される

見た目、と言われると顔のつくりの良し悪しだと思いがちですが、そうではありません。私が思う見た目は、「何だかこの人、いい雰囲気だな」と思われるような見せ方を演出するということ。

その中でひとつ、大きなポイントは、**「色を味方につけること」**です。

誰でもいいので、ひとりの人間の姿をイメージしてみてください。当たり前ですが、顔よりも、洋服のほうが面積が広いですよね。したがって、他人があなたをパッと見て、いちばん最初に目に飛び込んでくるのは、あなたの顔ではなく、あなたが身に着けている服の色なのです。

つまり、**見た目アップで一番気をつけたいのは、ファッションの色合いなのです。**

では、どんな色を選べばいいのか？　ここで、ご参考までに、私の愛媛朝日テレビアナウンサー時代の話をシェアします。

当時、私は夕方のニュースキャスターをしていたのですが、白やピンク、水色といったパステル系や、いわゆる暖色系の色の服はなんだか太って見える気がしていたので、着るのを避けていました。テレビの画面は、人をリアルの姿よりも１・５倍以上は太って見せてしまうと言われています。

そのため、「1ミリでも痩せて見せたい」という女心から、黒や紺といった寒色系のジャケットを着続けていました。実際に、寒色系は収縮色と言われ、引き締まって見える効果があるそうです。

ですが、カラーの力を借りて自信満々にニュースを読んでいた私に、視聴者の方から一本のクレーム電話がかかってきました。

「夕方の女性アナウンサー、いつも黒ばかりで、暗いわね。もっとキレイな色の服を着てほしいわ！」

スタッフからそう言われたと伝えられたとき、「えええええ！」と驚くしかありませんでした。

少しでも見た目をスマートに見せて、ニュースもカッコよく伝えたかっただけなのに……。でも、視聴者の方はニュースの内容も大事だけど、それを読み伝えるアナウンサーの雰囲気も大事だと思っていたのです。

これはビジネスパーソンの皆さんも同じことです。TPOに合わせて変えたほうがいいですが**基本、人前に出るときは、親しまれやすい明るい色を着るといいでしょう。**黒のジャケットを着ているだけで、なんだか暗い人だと思われることもあるのです。どうせなら明るいカラーを身にまとって、第一印象で打ち解けやすいイメージをアピールしましょう。

または、黒のジャケットを着る場合なら、インナーは明るい差し色にするなど、適度な「抜け感」を出してみるのも効果的です。

ただ、明るい色といってもいろいろあって、迷ってしまいますね。どうせなら自分に合った色を選びたいものです。

「パーソナルカラー診断」をご存じでしょうか？　これは肌や目や髪の色などをもとに、個人の魅力と個性を引き出して似合う色を見つけるという診断方法です。色の明度（明るさ）や彩度（鮮やかさ）によって4つのシーズン、春（スプリング）・夏（サマー）・秋（オータム）・冬（ウインター）に分かれます。

私たちは「ピンクが似合う」「青が似合う」「白が似合う」といった限定した色が似合うのではありません。ピンクにも青みがかったローズピンクやマゼンタ、黄みがかったコーラルピンク、サーモンピンクなどいろいろあります。どのピンクが似合うのか？　どんな青が似合うのか？　がわかるのがパーソナルカラー診断なのです。

自分の似合うパーソナルカラーを身に着けると「若々しく見える」「元気に明るく見える」「あか抜けて、オーラを感じる」「肌が美しく見える」「すっきりと小顔に見える」といった効果があります。

私は120枚のドレープという布を使って診断するパーソナルカラー診断を学び、自分に似合う色の基礎知識を習得しました。ご興味のある方は、プロに診断してもらうといいですが、診断ツールを使わなくてもわかる簡単な方法があります。**似合うヘアーの色（髪の毛の色）で見るという方法です。**

黒髪が似合うのか？　それとも、茶髪や金髪が似合うのか？　青みがかった（ブルーベース）の色が似合うのか？　黄みがかった色（イエローベース）の色が似合うのか？　を判断します。

黒髪が似合う方は青みがかった（ブルーベース）の色が似合います。このタイプの方が茶色や黄身の強い色を着ると、なんだか野暮ったく見えたり。顔のくすみが気になって老けて見えてしまいます。

そして、茶色い髪や金髪が似合うような方は、黄みがかった色（イエローベース）の色を身にまとうと、しっくりなじんでオーラを放ちます。逆に、このタイプの方が黒やブルーベースの色を着ると、顔色が悪く見え元気がなさそうに見えたり、自分よりも色が目立ってしまい存在感がなくなってしまいます。

自分に似合う、そして主役としてオーラを放つ色を選び身につけましょう。

話し方のポイント 2

▼視覚情報で最初に目に入ってくるのは「色」。
▼基本は親しまれやすい明るい色をベースに。

3 好感度は「チラ見せ」でつくる

パッと見の0・5秒で「いい雰囲気の人だな」と思ってもらったら次は、細かい部分でさらに見た目の好感度を上げていきましょう。

競争倍率1000倍以上とも言われるアナウンサー試験に突破する「見た目演出」で、私が口を酸っぱくしてお伝えする話があります。それは男女問わず、**「清潔感、爽やかさがあること」**です。

「清潔感、爽やかさって、ふだんから意識していることじゃないの?」と思われるかもしれませんが、意外とみなさん、この普通のことができていないのです。ビジネスパーソンの方にもぜひ今いちど、確認してほしいと思います。

清潔感、爽やかさを演出するキーワードは**「チラ見せ」**です。

「顔を小顔に見せたい」とか、「オシャレだから」といった理由で、前髪が目にかかっていたり、サイドの髪を頬にかかり気味にしている人をよく見かけますが。清潔感や爽やかさを演出するなら、顔周りを見せることが何よりも大事です。髪の生え際や、そしてなんといっても、耳たぶです。耳たぶがちらりと見えるヘアースタイルが清潔感、爽やかさを醸し出します。ロングヘアーの方も、耳にヘアーをかけたり、サイドのヘアーをまとめたりして、さらりと軽やかさを出していきましょう。

また、白は清潔感と爽やかさを演出してくれる色なので、積極的に取り入れていただきたいところです。ただ、全身白だと汚さないかどうかという不安があるとか、秋冬は寒そうに見えるなど、白を苦手とする方も多い気がします。

その場合は、ジャケット中のシャツや羽織りものの中のインナーは白にして、チラ見せを取り入れましょう。

ただ、チラ見せとは別にひとつだけ、全部見せたほうがいい箇所があります。**おでこです。**

おでこを見せることで、顔が明るく見えて表情がはっきりします。また、表情がわかりやすくなるので、どんな人なのか伝わりやすくなります。そのため、多くの人たちの中にいても目立ち、存在感が感じられる人に見えるのです。

おでこを出すのは、特に女性は勇気が要りますが、だからこそ出してしまえば、自分に自信がつきます。思い切って「えいっ！」と出してみてください。

どうしても難しいと思われるなら、髪の間からおでこが透けて見えるぐらいに前髪をすくといいでしょう。**「おでこのチラ見せ」**です。

また、スピーチやプレゼン、面接などの大事な場面で話すとき、その前後でお辞儀をすることも多いと思います。お辞儀をして、顔にかかってしまった髪を手でブンっと払いのけるしぐさは、ちょっと目障りです。でも、これは多くの人がやりがちなことなのです。

アナウンサーも、スタジオに入ったときにスタッフに「よろしくお願いします！」とお辞儀、番組が始まったら視聴者に「こんばんは！」とお辞儀と、日々お辞儀をする回数が多い仕事です。常に人目に触れやすい仕事をしている彼女／彼らはどうしているのか？

女性なら、顔周りを見せたヘアースタイルをスプレーでかっちり固めてまとめています。 これなら、お辞儀や外の中継先からのレポートのときも大丈夫。

男性も、同じです。**前髪がかからないようにすることと、襟足は短めにすること。** ヘアーワックスやスプレーなどで、しっかりまとめましょう。

また、男性は女性よりもヘアーが伸びたら、一気に野暮ったくなってしまいます。髪の長さにもよりますが、1ヶ月に1回は美容院で整えてもらうといいでしょう。

話し方のポイント 3

▼清潔感をアピールするカギは「チラ見せ」。ただし、おでこははっきりと見せたほうがいい。

4 顔のつくりよりも「歯を出した笑顔」が大事

「アナウンサーって、美男美女でないとなれないのでは？」と思う方が多いようです。もちろん、美男美女のアナウンサーもいるのですが、実際はそれよりもどちらかというと愛嬌がある、親しみやすい人が選ばれる傾向が強いように思います。

アナウンサーは老若男女、幅広く多くの人々にマイクを向ける仕事であり、テレビやラジオで見たり聞いたりしてもらう職業です。誰にでも好かれる、という要素は必要不可欠なのです。

かくいう私もアナウンサーの仕事をしてきましたが、目がキリッとしていてクールな顔立ちなので、黙っていると怖い人なのかと思われることが多く、悲しいことですが第一印象がいいタイプではありませんでした。

そんな私がなぜ、「誰にでも好かれる人でなくてはならない」アナウンサーになれたのか？

まずは大事な場面で、笑顔になれたからではないかと思います。

笑顔は、どういうときにスッと出ると思いますか？

それは楽しいこと、嬉しいことなどプラスの感情が沸き上がったときです。

多くのビジネスパーソンは、大事な場面で自分の優秀さを見せようと思うばかり、専門用語が並ぶ難しい話を始めてしまい、自然と語る本人から表情が消えてしまうことがよくあります。無表情の人から淡々と話を聞かされる相手も、「うーん、つまらないな」と感じてしまい、興味のない表情をしたまま、話を聞くことに。その相手の無表情を見た話し手当人も「まずい、つまらなそうにしている……」と焦ってしまい、さらに話がぎこちなくなってしまう。

こうした「無表情スパイラル」はよく見かけますが、ちょっとしたコミュニケーションのボタンの掛け違いなのに、もったいないことです。

ここで大切なのはやはり、楽しい、嬉しいといったプラスの感情とセットになった、共感ストーリーを語るということなのです。

一見、とっつきにくそうに見える私ですが、大事な場面でプラスの感情が沸き上がる共感ストーリーを語ることを繰り返してきたおかげで、自然な笑顔が生まれるようになって、好印象を相手に与えることができました。

以前、笑顔づくりのトレーナーさんが私の講座を受講してくれました。彼女からは**「笑顔は持続力が大事」**ということを逆に教えてもらいました。笑顔の時間とそうではない時間が頻繁に入れ替わると、相手に違和感を抱かせてしまうということです。なるほど、「自然な形で笑顔でありつづけること」が大事ということですね。

アナウンサーの立場からもうひとつ言わせていただくと、**「笑顔は瞬発力が大事」**ということです。

アナウンサーはカメラを向けられたら、即座に笑顔で話し出さないといけない場面が多々あります。それも、いつカメラを向けられるか、わからない。「あ、私を撮ってる」と感じたら、何も考えずに即、笑顔です。

どんなときでも、とっさにも笑顔になれるかどうか？　これはカメラを向けられる仕事であってもなくても、人と接する現場では試される事柄です。

笑顔であり続ける「持続力」と、パッと笑顔になれる「瞬発力」。これらは常に意識をしないとなかなか身に付かないことでしょう。

だからこそ、共感ストーリーで語ることが大事なのです。

無理に笑顔をつくろうとしなくても、楽しい、嬉しいというプラスの感情が乗った話はサッと素早く笑顔になって話すことができます。そし

「歯を出した笑顔」のつくり方

上の歯が6本以上見える笑い方。自然に柔和な表情になる

て、笑顔をキープしないといけないと思わなくても、自然と笑顔でいつづけること
ができます。

あえてワンポイントアドバイスをするならば、自然な笑顔でも**「歯を出した笑顔」**
なら最高、だということです。

口を横につぐんだ「おすましスマイル」は上品ではありますが、歯を出した笑顔
で話す表情と見比べてみてください。相手に与えるインパクトは、歯を出した笑顔
のほうが、圧倒的に上です。

目安としては、ニコッと笑って上の歯が前から最低6本見えることです。グッと両
口角と頬の筋肉も上がるので、目尻が下がってやさしい表情の笑顔になります。

話をしていて、「〜なのです」など文末まで言い終えたら、ぜひ、聴衆に向かって
ニコッと歯を出した笑顔を見せてください。「感じがいい人だな」と好印象で相手の
記憶にグッと残りますよ。

ただし、どんなに笑顔が素敵な人でも、ニコッと笑ったときに見える歯が黄ばん
でいたり、タバコやコーヒーなどで色素沈着していたら台無しです。そんな場合は、

（保険適用外ですが）ホワイトニングするという方法もあります。

または、歯医者さんに3ヶ月に1回は通って、歯のクリーニングをすることをお勧めします。こちらは保険が効きますし、自分ではなかなか落としきれない歯の汚れをキレイさっぱり落とすことができます。見た目はもちろんですが、歯の健康のためにもいいことです。

歯の調子が悪いことから歯痛のほか、頭痛やめまい、疲れやすいといった体調不良につながることもあります。それだけ人に伝えるということはエネルギーがいるのです。

せっかくのあなたの良さが伝わらないのはもったいないことですから、自分のメンテナンスは怠らないようにしましょう。

話し方のポイント 4

▼笑顔は「持続力」と「継続力」。
▼「歯を出した笑顔」が自然にできればベスト。

5 デコルテ（胸）を開くだけで「ピンっと映える姿勢」になる

新人アナウンサーとしてデビューした当時、ひとつ大きな悩みがありました。仕事が不得手なことでも、話し方が下手なことでも、緊張してしまうことでもありません。

自分でもまさかこんなことが悩みになるとは思わなかったので、さらなる戸惑いがありました。

それは**「姿勢」**です。

自分が出演しているニュース番組の録画を見ると、肩の高さが右と左で違っていたり、猫背でアゴが前に出ていたりと、姿勢が悪いのです。

姿勢がよくないと、自信のなさが際立って見えてしまうし、なんといってもカッコ悪いのです。

あなたは自分の姿勢がどうなっているか、どのように他人の目に映っているか、客観的に見たことはありますか？

顔の表情はコンパクトミラーなどで手軽に確認できますが、自分の全体的な姿を見ながらチェックする習慣というのは、意外と持っていない方が多いのではないかと思われます。

最近はスマホで簡単に自撮り録画ができるので、一度、自分の話している姿を撮って後で確認してみるといいでしょう。

コロナ禍以降は、テレビ通話アプリなどでオンラインで座って語ったり伝えたりするという場面も多いですよね。オンラインでのセミナーや講演、面接も増えてきました。これらの操作画面では、否応なく自分の姿が映し出されることになるので、よけいに全身チェックの必要性が増しています。

恥ずかしがらずに、まずは自分の立ち姿、そして座った姿を、自撮りした動画などでよく見てみましょう。

自分が語る姿をよく知るということが大事です。

もし、私のように肩の高さに左右差がある場合は、いつも同じほうの肩に鞄をかけたり、足を組んで座っていることが多いのかもしれません。

ですから、日常生活のなかで右半身、左半身を等分で動かしていくこと。肩が凝りやすい人は、デスクワークの合間に、両肩をぐるぐるまわすストレッチをするなどして、両肩をやわらかくしていくといいでしょう。

アナウンサー時代の私はそんなふうに日常の姿勢を変えていくのと、もうひとつ、テレビ出演の本番で心掛けていたことがありました。

それは**「デコルテ（胸）を開く」**ということです。

先輩の女性アナウンサーがとてもピンとした姿勢でキリリとニュースを読んでいる姿がステキだったので、思い切って「私、姿勢が悪いのですがどうしたら良くなりますか？」と訊いてみたのです。先輩は答えてくれました。

「きみちゃんはさ、両肩が内側に入っているから、姿勢が悪く見えるんだよ」

〝両肩？〟〝内側？〟と一瞬ピンとこなかった私でしたが、調べてみるとこれは「巻き肩」という姿勢なのだそうです。

両肩が内側に巻き込んでいる状態は、見た目にも悪いし、肩こりにもつながるということがわかりました。

では、両肩を外に向けるにはどうしたらいいのか？ それが、「デコルテ（胸）を開く」ということなのです。

これを意識すると、自然と両肩が外に向きます。そして自然と、お腹に力が入ってスッと背筋が伸

デコルテ（胸）を開く

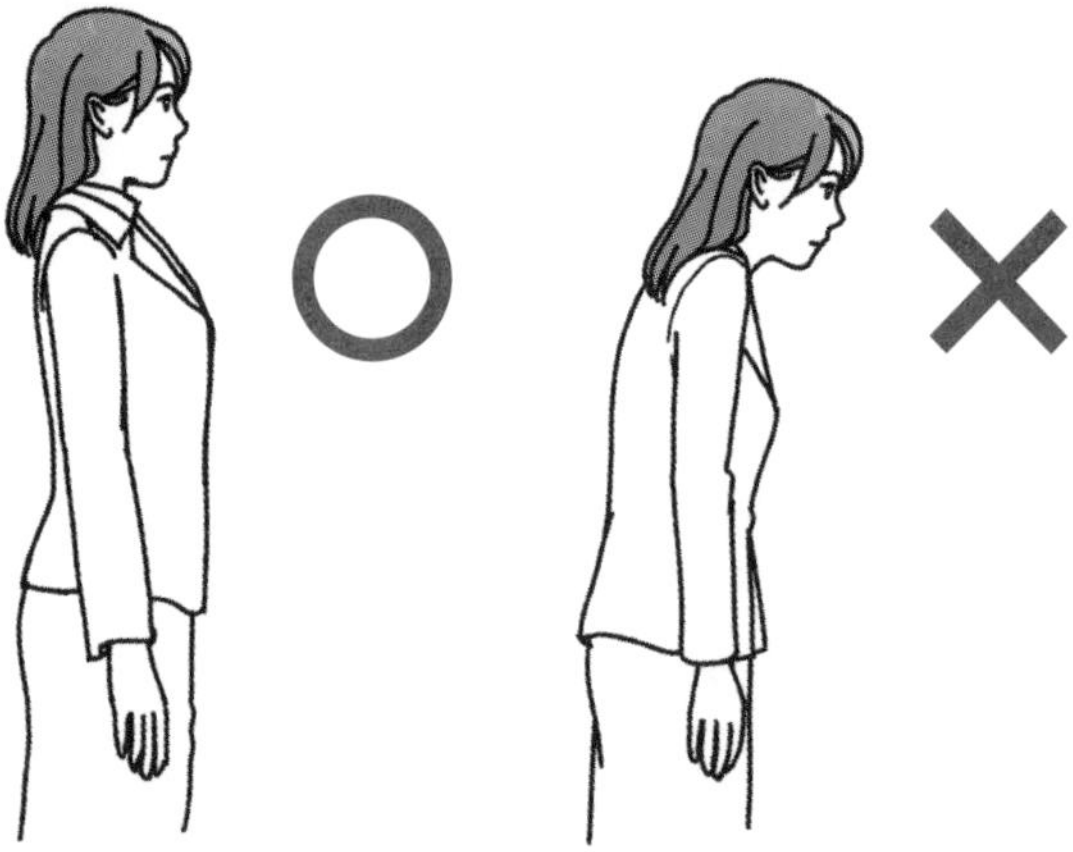

「巻き肩」だと姿勢が悪くなる。デコルテ（胸）を開くと自然に両肩が外に向き、姿勢が良くなる

びます。さらにこの姿勢は、呼吸がしやすくなるので声も出しやすいのです。おかげで今となっては、「姿勢がいいですね！　さすがアナウンサーですね！」と言われるようになりました。

デコルテを開くだけで、見た目は堂々とカッコよく見えて、声も出しやすいと一石二鳥です。ぜひやってみてください。

スピーチやプレゼンというと立って話す場面を思い浮かべますが、実はアナウンサーは意外と座って話すことが多いのです。ニュース番組のキャスターや情報番組の司会など、みな座っていますよね。

ここで、座っているときもデコルテを開くようにと意識づけるのはちょっと難しいかなと思っているあなたに、アナウンサーならではの裏技を伝授することにしましょう。

それは**「椅子には、浅く座ること」**です。

そう、椅子の背に、もたれてはいけません。椅子に浅く座るとどうなるのかというと、体を安定させるためにおへその下にあるツボ・丹田にググッと力が入ります。

そして、姿勢も、自然とピンと伸びるのです。
オンラインで話すときやリアル会議、商談など座る場面で、ぜひ、やってみてください。

話し方のポイント 4

▼見た目の印象は「姿勢」も大事。
▼デコルテを開いて堂々とした姿を見せよう。

第5章

本番に強くなる！主役として堂々と伝える話し方

1 プロのアナウンサーでも緊張するときはする

共感ストーリーもつくり上げて、それを話す際の見た目の演出もできました。

さあ、いよいよあなたが主役として、人前で語る場面です。

今の気持ちは、いかがでしょうか？

「緊張してしまいます……」

そうですよね。ここまで完璧に準備できた気になっていても、緊張するときはしてしまう。

これは、当然のことです。私たちは人間で、ＡＩではないのですから。どれだけ心の準備が万端でも、現場で湧き上がってくる不安な感情は抑えられないのです。

さらに言うと、**アナウンサーのような、常に人前に立つような職業の人でも、緊張するのです。**

そう、20年間アナウンサーをやってきて、現役アナウンサーに指導しながら、こんな本を書いている私でさえ、人前で話すとなると緊張してしまうのです。

この話をすると、「えー！ アナウンサーの人でも緊張するんですか！」と、今まで多くのビジネスパーソンに驚かれてきました。そして「なんだかホッとします」「勇気づけられます」といったお言葉もいただいてきました。

でも、どうしてアナウンサーの人たちは、緊張していてもそれを見せずに、堂々と話せるように見せることができるのでしょうか。

まず、**「緊張することは当然である」**と、最初から受け入れ態勢でいることが大きいでしょう。

ご自身を振り返ってみてください。「緊張しちゃいけない」と、禁止令を自分に課すと、よけいに緊張が増してしまうことはありませんか？

禁止されればされるほど、逆にそれをやりたくなってしまう現象や効果のことを心理学的には『カリギュラ効果』といい、これは昔話のストーリーでもよく見られるケースなのです。

「絶対に開けないでくださいね」と言われた玉手箱を開けてしまい、おじいさんになってしまった『浦島太郎』。「決してのぞかないでくださいね」と言われたのに、どんなふうに織物を織っているのか気になって戸を開けてしまったことで、娘が鶴に戻って去ってしまった『鶴の恩返し』。

これらの物語、ストーリーの教訓からどんな気づき、学びがありましたか？　そう、人間は物事を禁止されると、逆にそれに手を出したくなってしまう生き物だということです。

ですから、ややこしい言い方ですが、**緊張しないためには、緊張を禁止しないこと。**

「プロのアナウンサーだって緊張する」

「人間なんだから、誰でも緊張するのは当たり前」

と受け入れる気持ちを持つことが大事なのです。

この受け入れの言葉を自分に言い聞かせてみると、先ほどまで強張りや固さを感じていた身体が少し緩むはずです。

また、緊張する大きな原因としてもうひとつ、**「うまく話さないといけない」と自分にプレッシャーを与えること**も挙げられます。

これも「うまく話そうとすると、かえって失敗する」という習性があり、本書でもなるべくうまく話そうとする意識を捨てるように、ここまで解説してきたつもりです。

「『あ、おれ、うまくしゃべりすぎちゃったな』って反省したんだよ」

名古屋テレビ（メ〜テレ）時代にお世話になったフリーのベテランナレーターであるUさんは、私にこんな話をしてくれました。プロ中のプロのつぶやきとしては、驚きの一言です。

「うまくしゃべってはいけないんですか？」

「だって、うまく話す人って、他にもたくさんいるじゃない。それよりも、個性がないと（今後）お願いされないからね」

私たちアナウンサーは、話し方のトレーニングを積んでいるので、きれいによどみなく話すことは得意です。だから経費のことなどを考えたら、局のアナウンサーにナレーションをさせたほうが得策といえます。

ですが、多少コストがかさむとしても、Uさんという外部の方に、お金を払ってでもお願いしたいと思う。これは、局アナのようにきれいによどみなく話すという技術よりも、「他ならないUさんだから」という個性ある話し方の魅力を優先したということです。

「プロでもきれいに話すことが大切なんじゃない、個性があるかどうかなんだ！」と思い知った瞬間でした。

個性、と言われると「そもそも私には、人より秀でた個性なんてないし……」と思う人も多いことでしょう。

ですが、**「個性がない人」なんて、この世にはいません。**人それぞれ違う顔を持っているように、他の人とは違うオリジナルの個性は、誰にでもあるものです。

本書で紹介してきた共感ストーリーは、魅力がないと思い込みがちなあなたの個性を、生き生きと人前で開放していくためのメソッドです。共感ストーリーをつくり上げることで、自分でも意識していなかったオリジナルの個性を再発見できるはずです。

話し方のポイント
1

▼「うまく話さないといけない」は思い込み。
▼誰にでもある「個性」をそのまま伝えよう。

2 即効性のある本番で緊張しない方法

アナウンサーはなぜ、緊張していても堂々と話すことができるのか？　先ほどはマインド面での姿勢をお話ししましたが、今度はテクニック編。

実はアナウンサーは本番前や本番中に、緊張しないで話せる技術を実践しているのです。何でもそうですが、初めてのことは緊張します。ですから、**「初めて」の衝撃を和らげる＝その場を自分に慣らしておく**ということが、緊張を抑える効果を生み出します。

ここでは具体的にアナウンサーたちが行っている、緊張を緩和するテクニックをいくつかご紹介しましょう。

基本はプロが現場で実行していることですが、一般の方が人前で話す場面でも有効な技術です。

1 ─ 会場に早く行って「主役の場をつくる」

あなたが人前で話さないといけない現場に、開場ギリギリでドタバタと入ってきて、ろくな準備もできないまま、すぐにたくさんの人の目の前に立って話をしないといけないとします。この場合、あなたのメンタルの状態はどうなっているでしょうか？

「ああ、遅刻しちゃった」「みんなに迷惑をかけちゃったな」「落ち着いた気持ちで準備できなかった」などと、いろいろな種類の罪悪感が押し寄せて、ネガティブな気持ちに占められていないでしょうか。

こんな心持ちでは、たとえ商談やプレゼン、面接などの大事な場面でも、気持ちの余裕をもって伝えることは正直、難しいです。

ですから、私は講演やセミナーの会場に行くとき、主催者から15分ぐらい前に来てくださいと言われても、1時間前には到着して、現場の周りをうろうろするようにしています。

初めての場所の雰囲気に慣れるには、それなりの時間がかかるものです。人それぞれの流儀もありますから一概には言えませんが、本番で慌てるようなことを避けたいなら、**1時間目には到着、せめて30分前には現場に着いている**ことをお勧めします。

そして、この待ち時間でチェックしてほしいことがいくつかあります。

まずは、**「自分はステージのどこで話すといいのか？」**の確認です。現場の担当の方に聞いてみてください。「ステージの真ん中に演台があるので、そこで話してください」と言われることもあれば、「どこでもいいですからご自由に」という場合もあります。

お好きにどうぞ、と言われたら、いろいろ立ち位置を変えてどこに立つと話しやすいのか、受講生・参加者が見やすいのかをチェックします。

大事なのは主役であるあなたがいちばん輝けるステージをつくり上げることです。

そして、マイクチェックです。マイクを使う会場では、音響さんや担当の方が音量レベルを調節してくれるかと思います。**「マイクチェックさせてください」と申し出て、実際にマイクを使って話してみてください。**実は、このマイクチェックが本番で緊張しないための、大きなキモになります

マイクひとつとってもスタンドマイクやピンマイク、ヘッドセットなどいろいろ種類があります。それを何も知らずにいきなり出たとこ勝負で本番で使う、ではあたふたしてしまいますよね。ですから前もって、練習で試してみるのがいいのです。

そして、マイクを使って声を出すことで、どれぐらいの声量を出せばいいのかが、前もってリアルにわかります。いきなり本番でボリュームもわからずマイクを通した声で「皆さま」と始めてしまうから、緊張してしまうのですね。

さらに、声を出してマイクテストをすることで、自分が本番で話しているときのイメージが湧きます。自分が話しているイメージが湧かないと、緊張も緩和されません。オリンピックに出場するようなアスリートたちも、本番に向けて何度もイメージトレーニングをしているのからだこそ、あれだけの実績を出せるのです。

ですから、マイクテストをするにしても、マイクの前で「あ、あー」としか言わないとか、コンコンとマイクを手でたたくだけとか、裏方のスタッフがやるような

テストはやめましょう。**あなたがやるべきなのは、機材のチェックではなく、「これから人前で話す自分自身」のチェックなのです。**

本番の緊張を和らげる効果的なマイクテストの方法は、「皆さま、はじめまして。松下公子と申します。本日は……」などと、本番と同じような話し方をシミュレーションすることです。これで、マイクの音量テストと同時に、本番で話している自分のイメージをしっかり持つことができます。

2 — 自分から話しかけて「人に慣れる」

私たちは、自分が話す内容が決まっていたとしても、「いったい誰に話すのか」「どんな人に話すのか」ということがわからないと不安に思い、結果的にそれが緊張につながります。自分の話を聞いてくれる相手を事前にイメージできるかできないかは、本番の出来不出来に大きく関わってくることだといえます。

ですから**前もって会の主催者や現場のスタッフに「どんな人たちが集まるんですか」と聞いておくといいでしょう。**「今日は講師業の方が多いですよ」とか「個人でお仕事している方や会社員でも起業したい人たちが結構いますよ」など、どんな人たちなのかを教えてもらうだけでも心の持ちようが違います。

さらに昨今は、直接会う前にSNSなどで、どんな人が話を聞きに来るのか、前もって知っておくこともできます。手間暇はかかりますが、「主催者さまからのご紹介で、ご挨拶させていただきます」と事前にメッセージのやり取りなどしてつながっておく方法もありますね。

当日、会場で出会ったときは、自分から思い切って話しかけてみましょう。

「いやー、そうはいっても自分から話しかけるのはそれこそ緊張します」と思われるかもしれません。でも、初めての人としばらく沈黙の時間を共有するほうが、よほど緊張が増しますよね。

声がけは「こんにちは」「はじめまして」などの挨拶の一言でいいです。前述の「歯を見せる笑顔」でニッコリと挨拶すれば、「あ、こんにちは」「はじめまして」と相手はきっと返してくれるでしょう。挨拶を一言交わすだけで、ピンと張りつめた空気が一気に和らぎますよ。

自分が緊張している、ということは相手も緊張しているということです。

そんな緊張した場を、あなたの挨拶ひとつで、リラックスした場にしてもらえる。相手はあなたに好印象と感謝の気持ちを持ち、「あの時、話しかけてもらって、ものすごく嬉しかった！」と忘れられない出会いの瞬間となります。

そして、自ら話しかけたら、会話を続けないといけない、と思わなくて大丈夫です。**挨拶を交わしたら、あとは相手が話し出すのを待つだけでいいのです。**

ちなみに、あまり無駄話をするのは良くないとされる、面接の控室などでも有効です。挨拶はマナーですから、無駄話にはなりません。

たった一言の挨拶で「はじめまして」の雰囲気がぐっと和らぐなら、実行しない手はないですね。

3 ―「ストレッチで」身体を緩める

これまでも何度かお伝えしていますが、マインド（心）と身体はつながっています。ですから緊張しているときは、体がキュッと萎縮してこわばってしまうのですね。この緊張のメカニズムをもう少し詳しくお話しすると、自律神経のバランスが関わっています。

ふだんは交感神経と副交感神経が適度なバランスで働いていますが、不安を感じると交感神経が優位になります。すると、心臓がドキドキしたり、手が震えたりと体に反応が表れるほか、体がキュッと萎縮してこわばってしまうのです。

では、何をすればいいのか？　簡単なことで、**ストレッチ運動をして、身体の強張りを解いていけばいいのです。**

身体が柔らかくなれば、副交感神経が活発になり、心身ともに緊張も和らいでいきます。

ストレッチの基本は身体がこわばっているなと感じている部分を両肩をグルグル回したり、屈伸をするなど、自分にとって気持ちいいなと思える運動をして、体の緊張をゆるめていくことです。

特に緊張すると肩に力が入ってしまうので、肩の力がスッと抜けるとっておきのストレッチを以下にご紹介します。

肩の力がスッと抜けるストレッチ

1

肩幅に足を開き、腕の高さで手を伸ばして両手を組み、両手のひらを外にむけます

2

両手の甲を見ながら「ふー」っと息を吐きつつ、目線と一緒に上に動かし、両腕を頭上に挙げます。このまま10秒停止。目線を上げていることで、肩がギュッと収縮していることを感じてください。息は忘れずにしてください

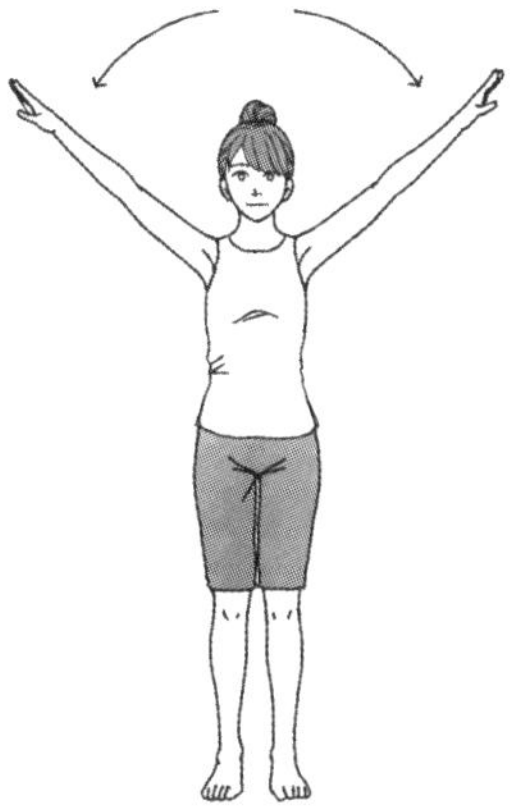

3

ゆっくりと、指を遠くに伸ばすイメージで腕を下ろしていきます。呼吸は自然で。両腕が下がったら「フーっ」と一度、大きく息をつきましょう

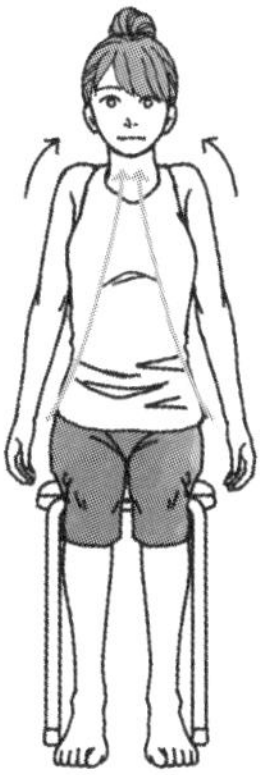

4

そして、鼻から大きく息を吸いながら両肩を上にあげましょう

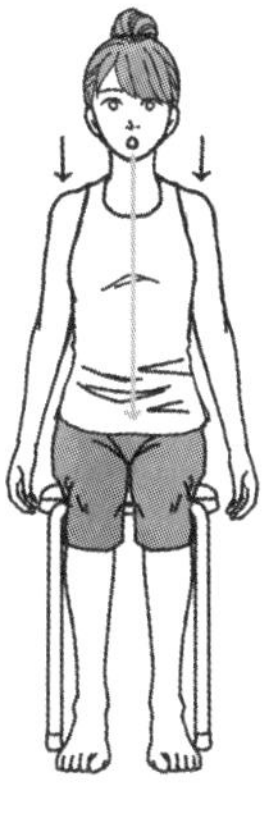

5

息を吐きながら上に上げた両肩をストンと下ろし、体の力も同時に抜くようにします

いかがでしょう？　肩の力がだいぶスッと抜けたのではないでしょうか？

座ったままでもできるので、ぜひ、やってみてください。

4―「体を温めて」リラックスする

また、体を温めることも有効です。ゆっくりとぬるめのお風呂に入ると、体がゆるんで思わず「はあー」とため息が出てしまうことがありますよね。このゆるゆると力が抜けた状態がリラックスしているということなのです。身体を温めることによって、副交感神経を優位にし、リラックスすることができるのです。

とはいえ、当たり前ですが人前で話す直前にお風呂に入れる機会があるわけでもないので、すぐにできる方法をお教えいたしましょう。

それは話す前には冷たいものではなく、温かい飲み物をとるということです。

コーヒーなどの刺激のある味や甘いジュースは口の中に残るのでNGです。この場合は、温かくてさっぱりしたお茶がいいでしょう。用意できるなら、一番いいのは白湯です。

気をつけたいのは温度。**話す前に飲むのに適しているのは、80度前後。**フーフーしながら飲んで体を温めてください。

また、プレゼンや講演、セミナーなどで長く話す場合は、口が乾くだけでも緊張を感じます。常温の水やお茶、理想的には60度ぐらいのぬるい水やお茶でのどを潤しながら緊張感を和らげましょう。

さらに、ピシッと立ったまま、あるいは座って話し続けるという固まった同じ姿勢をとり続けることがまた、緊張を呼び込みます。

先ほど、ストレッチして身体をリラックスさせる方法をお話ししましたが、話している本番では、水やお茶を飲むために、グラスやコップを持つ、持ち上げる、口に運ぶといった動作をします。

この一連の動きをするだけでも、固まった同じ姿勢を壊すことになるので、身体の緊張は和らいでいきます。

5 ―「吐く息の長い」深呼吸をする

緊張する様子を指す言い回しで、「舞い上がる」という表現があります。実際、緊張すると自分の「身体」そして「意識」がふわーっと上にあがっていくような気分になります。

いつの間にか両肩もグイッと上がっているはずです。

この上がってきた「身体」そして「意識」を下げると、緊張が和らぐというメカニズムが、人間にはあります。

では、どうしたら「身体」や「意識」を下げればいいのか？　**それは深呼吸です。**

子どもの頃などに緊張したら「深呼吸して！」と言われていませんでしたか？　昔から深呼吸は緊張を和らげる動作として重宝されてきたのです。

ただし、大事なポイントがひとつあります。それは「吐く息の長い深呼吸」をするということです。

ポイントは口から長く息を吐くときに、体がゆるゆるっとほどけていく感覚。これを実感してください。

また、息を吐くときに、緊張や不安といったネガティブな感情を全部吐いて追い出すような気持ちでやってみると、より効果的だと思います。

「身体」や「意識」を下げる深呼吸の方法

①
鼻からスッと息を吸う。

②
「フー」と口から長ーく息を吐く。

③
息を吐ききったら、
また鼻から吸って……繰り返す。

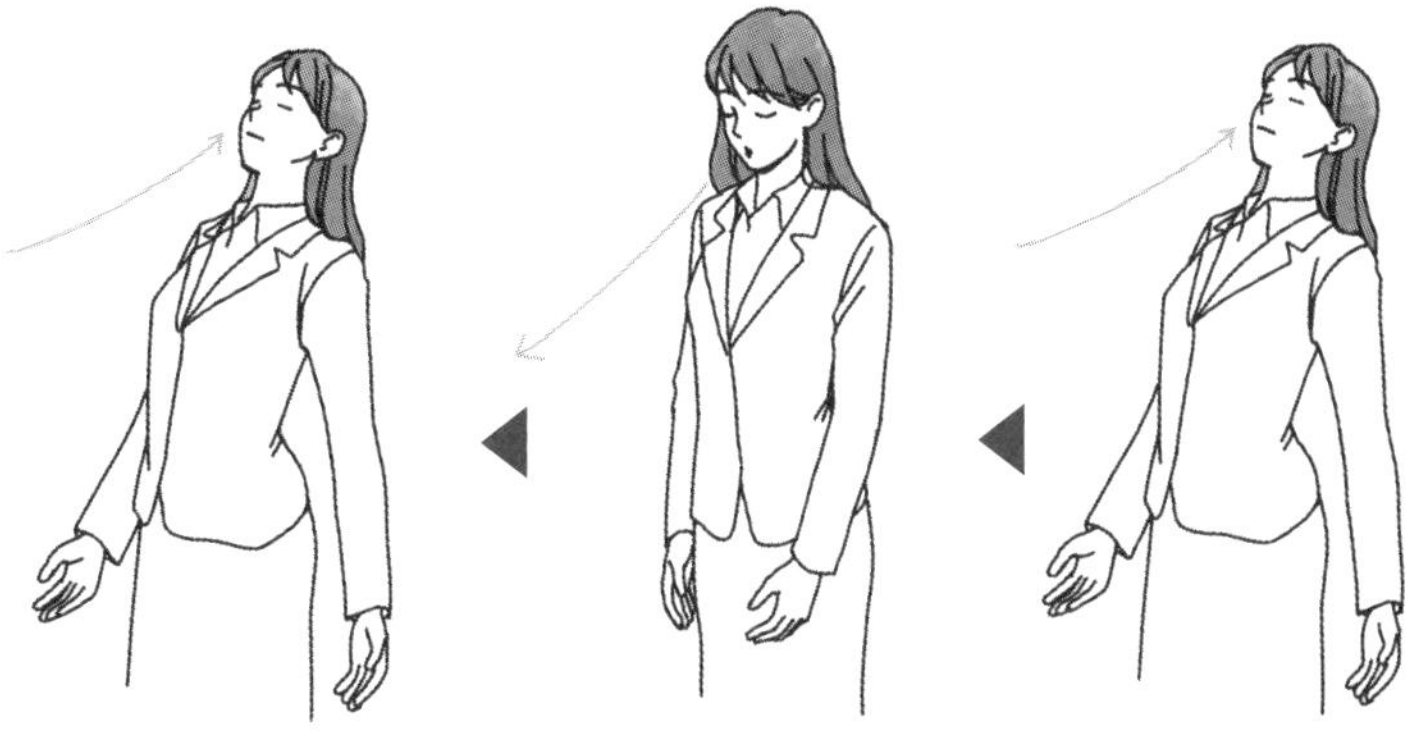

6 「気持ちの矢印」を相手に向ける

さあ、いよいよ、あなたが主役として人前で語る瞬間がきました。ここで、極め付きの緊張を和らげる方法を教えましょう。

本番で大事なのは「気持ちの矢印」をどこに向けるのか、ということです。

「上手く話せなかったらどうしよう」

「間違えたらどうしよう」

「変な風に思われたらどうしよう」

と、相手に評価されることに意識がいくと、緊張はより増してしまいます。受け身の姿勢は、常に自分の不安な気持ちのスペースを広げてしまう結果になるのです。

では、どうすればいいか？

気持ちの矢印を相手に向けるのです。

例えば

「この話で、楽しんでもらいたい！」

「この話で、喜んでもらいたい！」

「この話で、安心させてあげたい！」

などと、相手にメリットを与えることに心のベクトルを向けるのです。

特に快（ポジティブ）な感情（楽しい、嬉しい、喜び、幸せなど）を与えることを意識してみてください。

さっきまでの緊張がウソのように、すっと抜けますよ。

話し方のポイント
2

▼人前で話す前に早めに現場の空気に慣れるのが大事。
▼ストレッチや深呼吸でリラックスしておこう。

3 名前をフルネームで伝える意味とは？

あなたは自己紹介するとき、「鈴木です」「山田と申します」と、名字だけで名乗っていませんか？

名字のバリエーションにもよりますが、世の中にはたくさんの鈴木さん、山田さんがいるわけで、よほど珍しい名字でもない限り、相手にはまったく印象に残りません。

名前はあなたの看板なのです。**ですから必ず名前は「フルネームで」名乗るようにしましょう。**

「鈴木です」よりも、「鈴木孝雄です」と名乗られたほうが、相手もあなたに対して良い印象を持ちます。こちらに丁寧に接してくれていると感じるのですね。

中には「フルネームは名刺に書かれているから、口頭は名字だけでもいいのでは？」と思う方もいるかもしれません。

ですが、名刺には名前が漢字で書かれているから、どういう読み方をすればいいのか、相手が考えてしまうときもあります。ですから、音に出してフルネームで名乗ったほうがいいのです。

「とはいっても、私は田中明子という、誰でも読むことができる名前なのですが……」という場合も、フルネームで声を出して名乗ることが必須です。声に出して名前を言えば、相手は、**頭ではなく「耳で」覚えてくれます。**暗記しなければいけない文章を、ただ黙読するよりも、音で聴いたほうが、すっと自分の中に入ってきますよね。

フルネームを名乗るメリットはまだまだあります。

「松下さん」と呼び合うよりも、「公子さん」など下の名前やニックネームで呼び合ったほうが親しさが増すのは実感できると思いますが、下の名前は聞き逃してしまうと、なかなか確認する機会はありません。

場や人によっては、「松下公子です。良かったら、公子さんと呼んでくださいね」などと一言添えると、ニックネームで呼んでもらえて、初対面の相手との仲がグッと近くなりますよ。

話し方のポイント 3

▼名乗るときはできるだけフルネームで。
▼ニックネームなどの呼んでもらいたい名前を加えるとなお良し。

4 初対面の相手を仲間にするフレーズ「私たちは」

自己紹介や人前で話す場面で、一人称主語から話し始める方が多いです。「私は……」という言い方から始めるタイプですね。

この場合、「私は」よりも「私たちは」と、その場にいる相手も含めて伝えることをお勧めします。

「私は」という一人称は、聞いている相手とは距離感を置いた話し方です。対立的な立ち位置が前提になっているので、気持ちの壁があることを感じてしまうかもしれません。

でも、話し手から「私たちは」と話しかけられたらどうでしょう？

初対面の相手だったとしても一気に近い距離を感じ、同じチーム、仲間として一体感が生まれてくるのではないでしょうか。

この「私たちは」を多用したことで知られるのが、バラク・オバマ元アメリカ大統領です。

2008年の大統領選に立候補したときに使ったフレーズ「Yes We Can!（私たちはできる）」は短いフレーズで覚えやすいですから、ご存じの方も多いかもしれません。オバマ元大統領はそのほかにも、「our（私たちの）」、「us（私たちを／に）」、「ourselves（私たち自身を／に）」という言葉を使い、共感と一体感で有権者の心をつかみ、みんなの気持ちを動かしたのです。

以下は、2009年1月20日にワシントンで行われた、オバマ大統領の就任演説の一部抜粋です。

我々が今危機の中にいることは周知の事実です。我が国は戦争の渦中にあり、我々ではどうにもならない暴力と憎悪のネットワークにさいなまれています。経済はひどく疲弊しています。それは、一部の者の欲と無責任の結果であるとともに、厳しい決断を先送りし、新たな時代への準備を怠り続けてきた結果でもあるのです。家は失われ、雇用は削られ、ビジネスの機会は閉ざされてしまいました。我々の健康保険制度はとても高くつき、学校教育もさまざまな失敗に見舞われています。そして、我々のエネルギーの使い方は、敵を富ませ、地球に脅威を与えていることが日々明らかになってきています。

これらの危機は数字や統計で裏打ちされています。測定は難しいものの、それ以上に、国中を覆っている自信の喪失こそが最も深刻な課題なのです。それは、アメリカの衰退は避けがたいという恐れであり、次の世代の人々は目標を下げなければいけないのではという恐怖です。今日、私は皆さんに我々が直面している課題は現実のものだと表明します。課題は深刻で、数も多い。簡単に解決もできなければ、すぐにどうこうなるものでもないでしょう。しかし、アメリカは、それを克服できるはずです。

今日この日、我々は恐怖ではなく希望を選び、対立と不和ではなく目的を共に分かつためにここに集っています。

今日この日、我々は長い間我々の政治を混乱させてきた狭量な不平や、見せかけの公約、報復、そして古びた教義を終わらせることを宣言します。
(The Barack Obama Story　バラク・オバマ・ストーリーラダーシリーズ Level 4より一部抜粋)

何度となく、「我々は」という言葉を使い、全米各地から集まった200万人もの人達の心をグッとつかみました。

実は私も研修などで、受講者さんの心をつかむフレーズとして「私たちは」をよく使います。例えば、プレゼン研修の導入で、

「どうして、私たちは人前で話すとなると緊張してしまうのでしょうか？」

というような声がけをしているのです。

プレゼン研修は実技でみんなの前で話をしてもらう機会もよくあり、受講者さんは通常の研修以上に、緊張しています。そんな研修のはじまりで「どうして、皆さんは人前で話すとなると緊張してしまうのでしょうか？」というような言い方をすると、「あなたたちは人前で話すときには緊張するらしいけど、私は別にそうじゃな

いから」という、上から目線というか、他人事のような感覚が生まれてしまいます。

ですから、ここで「私たちは」という主語に置き換えると、「講師である私も、受講者である皆さんと同じ。緊張って誰でもするものなんです。そして、ここにいるみんなは今日一日、一緒に学び合う仲間なんです！」というメッセージをさりげなく送ることができます。

プレゼン、スピーチ、職場内コミュニケーション、どんな場面でもいいですから、**人に何かを伝える立場に立ったら、主語を「私たち」にしてみてください。**伝わり方と場の一体感が大きく変わってくるはずです。

話し方のポイント
4

▼一人称主語は「私は」ではなく「私たちは」。
▼聴いている人たちとの一体感を出していこう。

5 締めは「お声がけください」でつながりをつくる

自己紹介やスピーチなどで話した最後の締めに、あなたはどんなことを言っていますか？　多くの方が「……以上です。よろしくお願いいたします」といった締め方をしていると思われますが、いかがでしょう。

これはこれでベーシックな締めパターンなのですが、そこにもうひとつ、お勧めの締めフレーズをプラスしてみてください。

それは**「お声がけくださいね」**という一言です。

たいていの人は、人前で話す場面において、実際にしゃべっている時間がいちばん大切だと考えていると思います。でも、本当に大事なのは、しゃべった後の時間のほうなのです。

自己紹介やスピーチなどで話しているあなたに対して、まずは興味を持ってもらう。そして、そのあとにくるのが、交流会や懇親会など雑談する時間です。その雑談タイムでいかに、自分の話を聞いてくれた相手から声をかけてもらえるのかが重要なのです。

ですから、積極的に相手から声をかけてもらえるように、促してみましょう

「パソコン関係が得意です。お困りなことがありましたら、どうぞお声をかけてくださいね」

「一緒に地域を盛上げてくれる仲間を募集しています。ご興味がありましたら、どうぞお声をかけてください」

「楽しく交流させていただけましたら嬉しいです。ぜひお気軽にお声をかけてくださいね」

こう言われると、相手も気が楽になって声をかけやすいのです。そこで会話を重

ねることができれば、あなたに確実に興味がある相手と容易につながれるということです。

自分から声をかけずに、確実に自分に興味がある人から声をかけてもらう。

これは本当に有効なフレーズなので、ぜひ使ってみてください。

話し方のポイント 5

▼自己紹介やスピーチのその後に声をかけてもらえるかどうかが大事。
▼相手から話しかけてくる魔法の言葉「お声がけくださいね」。

第6章

コミュニケーション（会話）では相手の共感ストーリーを聴きだす！

1 みんな自分の話をしたい、聴いてほしい

ここまでは、プレゼンやスピーチなど、自分が多人数に向けて話すときは「自分が主役」となって語る場面を前提としてお話してきました。

しかし、1対1や少人数での会話、コミュニケーションの場合は主役を変えましょう。

そう、主役は自分ではなく、「相手」にチェンジです。

「マズローの欲求5段階説」というのを聞いたことはあるでしょうか？

アメリカの心理学者アブラハム・マズローは、「人間は自己実現に向かって絶えず成長する」と仮定し、人間の欲求を5段階の階層で明確化しています。その中の第

マズローの欲求5段階説

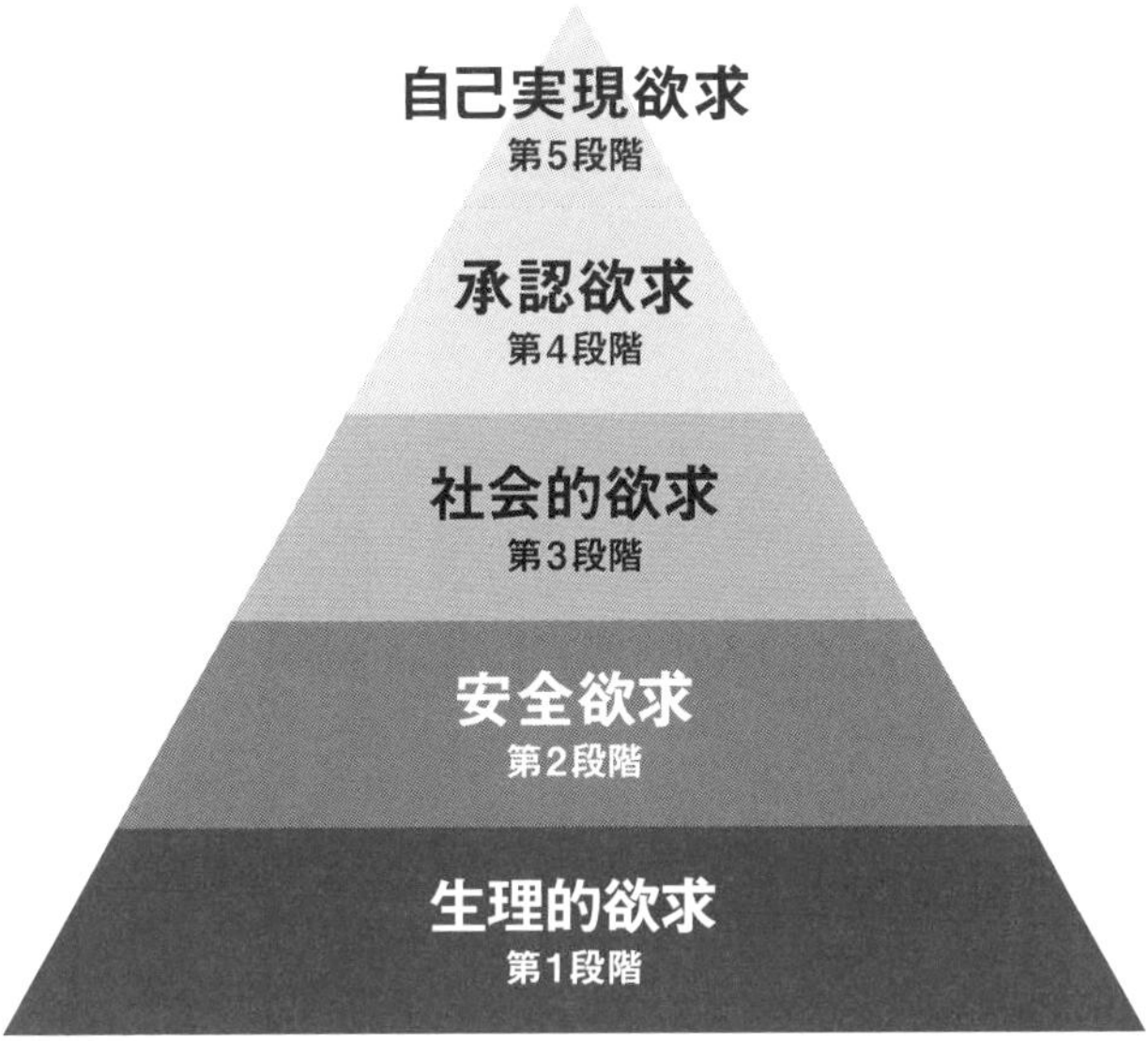

「第1段階:生理的欲求」→「第2段階:安全欲求」→「第3段階:社会的欲求」→「第4段階:承認欲求」→「第5段階:自己実現欲求」の順で、人間は成長していく

4段階に「承認欲求」があります。

私たちはみな認められたい、ほめられたい、賞賛されたいといった「承認欲求」を持っているのです。

だからこそ、自分の話を他人にして、自分のことを知ってほしいのです。話をしたい相手を承認する方法、それが話をきくということ。

そしてこの承認欲求を満たしてくれる人に対しては「もっと話がしたい」「また会いたい」と思うのです。

そうは言っても、ただ漫然と話をきいていればいいわけではありません。

実は、アナウンサーはニュースや中継など「伝えることが仕事」だと思われていますが、インタビュー、つまり「相手の話をきく」ことが多い仕事なのです。意外でしたか?

アナウンサーはインタビュー相手の緊張をほぐし、相手の本音や熱い思いを引き出すためにあの手この手のテクニックを駆使しています。アナウンサーは、伝えること以上に、相手の話をききだすプロなのです。

この章では、相手を主役にしてコミュニケーションを滑らかにしていく話のききかたや、相手がもっと話したくなる声がけ（言葉のフレーズ）について解説していきます。

話し方のポイント 1

▼「承認欲求」は人間の根本的な欲求。

▼「話をきく技術」も選ばれる話し方には大切。

2 会話では「聞く」ではなく「聴く」

「話をきく」という行為には3つの「きく」があるのをご存知でしょうか。

❶ 聞く（hear）

受動的な「きく」です。なんとなく言葉や音を耳にした、というもの。

「朝目覚めたら、鳥のさえずりが聞こえてきた」

「歩いていたら、店内からテンポのいい歌が聞こえてきた」

といった、自然に「きこえてくる」というような、受け身のきき方のことを指します。

❷ 聴く（listen）

能動的な「きく」です。意識して音や言葉に耳を向ける行動です。

「英語の授業を聴く」

「大好きなラジオ番組を聴く」

といったふうに、相手の話に一生懸命に耳を傾けるきき方です。

❸ 訊く（ask, question）

相手に質問し、尋ねる「きく」です。

「上司に明日の会議の予定を訊く」

「プレゼン資料について同僚に意見を訊く」

というように、自分から問いかける形でのきき方です。


この3つの中で、**相手を承認し、もっとあなたと話したいと思わせる「きく」は、❷の「聴く」です。**なんとなくではなく、しっかりと興味をもって相手の話を聴くということです。

「聴」という漢字には、右下に「心」という字が入っています。「耳」だけではなく、「心」でしっかり「聴く」、ということです。

ただ、せっかく熱心に話を聴くことができても、会話が続かず、お互いに無言になってしまうとなんとも気まずいですよね。相手に気持ちよく話してもらいつつ会話が続くには、「質問力」が問われます。

愛媛朝日テレビアナウンサー時代に、テレビ朝日系列の新人研修で教わったインタビュー、質問の仕方の極意があります。

それは、「はい」「いいえ」で相手が答えられる質問はしないということです。

「御社がこだわっているのは、職人が一つひとつ、丁寧に手縫いで仕上げていくことですね」
「はい、そうです」／「いいえ、違います」

「はい」「いいえ」で話が終わってしまって、これでは話が続きません。

実はこの話が続かない質問をしてしまったのは、何を隠そうこの私。局アナの新人時代の取材で、やってしまいました。

案の定、カメラマンからインタビューとして使えないとひどく怒られ、そのあげく、取材相手の社長から「アナウンサーってこんなに怒られるんだね。思ったより、華やかな仕事じゃないんだね」と気の毒に思われてしまいました。今振り返っても情けない思い出です。

この会話で質問している「御社のこだわり」は、私たち話を聴く側ではなく、「本人」に話してもらわないといけません。このように「はい、いいえ」や「AまたはB」のように選択で答えられるような質問の仕方は**「クローズド・クエスチョン」**と言います。

では、会話が続くいい質問の仕方にするにはどうすればよかったのでしょう?

「御社のこだわりは何でしょうか?」など、相手に話をさせて会話を広げていく質問の仕方をするとよかったのです。このような質問法を**「オープン・クエスチョン」**と言います。

そうすれば、

「はい、うちの着物のこだわりは一枚一枚職人が手縫いをしているということです。ミシン縫いと違った柔らかく肌になじむような着心地の良さ。これは1針単位でお客様に合った最善の仕立てができるからなんです」

といった相手の熱い思いを引き出し語らせて、会話のキャッチボールが続きます。

私の新人アナウンサー時代のミスはさておき、

「どうしてこの企画を立ち上げようと思ったのですか?」
「今後の展望について教えて下さい」

など、アナウンサーがインタビューするときは相手に自由に語ってもらえるようにオープン・クエスチョンで質問をします。テレビで使うインタビューは時間に限りがある中で、内容の濃いコメントを使う必要があるため、「はい」や「いいえ」で話が終わるコメントは基本、使わないのです。

会話では初対面の相手など多少、緊張感がある場合は、相手が答えやすい「はい」「いいえ」で答えられるクローズド・クエスチョンで質問をしてあげましょう。そして、オープン・クエスチョンで話を広げていくというように話を展開させていきましょう。

相手の状況によって質問の仕方を変えていくといいですね。

話し方のポイント
2

▼会話はなんとなく「聞く」のではなく心でしっかりと「聴く」。
▼「はい」「いいえ」で終わってしまう質問はしないこと。

3 相手が気分よく話したくなる最強の相づち「それで、それで！」

「この人にはついつい、話しちゃうな」と、相手に自分に対する好感を抱かせながら話を続けるポイントとしてひとつ、**「相づち」の打ち方が挙げられます。**

相づちというと、「うん」とか「はい」といった簡単なものがとっさに思い浮かびますが、バリエーションはもっと、無数にあります。そんなバリエーションを自分の中にストックとして持っておくこと。さらにその相づちを話を聴く相手や話の内容に合わせて選んで使うことができると、コミュニケーションは円滑に進みます。

「そうですね」「わかります」「なるほど」「私もそう思います」「おっしゃる通りです」「同感です」などなど、バリエーションはいくらでも出てきますが、お勧めの相づちは、相手がもっと話をしたくなる「うながしの相づち」です。

「それで、それで?」

「で、どうなったんですか?」

「教えてください」


これらは、あなたが相手の話に興味があるということを伝えながら、気持ちよく話を進めさせる相づちでもあります。このうながしの相づちで、相手は自分の「話に興味持ってくれているんだ」と安心して話し続けることができます。

人は誰でも自分の話をしたいし、それを誰かに聴いてほしいのです。気持ちよく話すことができればできるほど、相手はあなたに好感と信頼を寄せていきます。

話し方のポイント 3

▼会話がうまく続くポイントは相づちの打ち方。
▼相手がもっと話したくなる「うながしの相づち」を心がけよう。

4 話が脱線する人には「要は、○○ということですね？」

「うながしの相づち」の効果が強すぎると、相手が話に夢中になりすぎて、どんどん内容が脱線してまとまりのないものになっていく、というケースも多いと思います。こうなってしまうと、本人も「あれ、なんでこの話をしていたんだっけ？」と思いつつも、止められない状態になっていることでしょう。

こういう場合に使いたいのが、いったん話をまとめる相づちです。つまり、

「要は、○○ということですね？」

という言い回しです。

この言い方は、話はつながっていながらも、場を仕切りなおすことができるのです。話し手に考える間を与えるので、そこで流れを整理することが可能になります。話の合間合間に、この「まとめる相づち」を入れて流れに区切りを入れながら方向性を調整していくと、よりコミュニケーションは滑らかになるでしょう。

また、まとめる相づちは、「あなたの話をちゃんと理解しています」と、相手を承認している事実を伝える信号にもなります。そもそも話がわかっていないと、「こういうことですよね？」というまとめる相づちはできません。なかには自分がダラダラ話した長い内容を短い言葉でまとめてもらって、「それそれ！」と喜ぶ方もいます。

話が脱線しがちなのを修正しつつも、相手の気分を良くして、持っていきたい方向に話を気持ちよく持っていけるようにするのが、「まとめる相づち」です。

話し方のポイント 4

▼会話の区切りに話をまとめる相づちを。

▼内容を理解していると相手を承認している気持ちも伝えられる。

5 「そもそも、なぜ？」の問いかけで相手の共感ストーリーを引き出す

自分の経験と思いを語る共感ストーリーは、過去、現在、未来を語ることだとお伝えしました。

その中でも、過去の共感ストーリーは、「なぜ、それをはじめたのか？」「なぜ、それをやろうと思ったのか？」「なぜ、そうなると決めたのか？」といった自分の原点であり、今の自分を支えるエネルギーの源となる話です。これを深堀りしていきたいのですが、最初から、核心に迫る質問をしてはいけません。なぜなら、まだ相手が話ができる準備ができていないからです。

深堀りしたい話は、過去のことです。どれくらい古いことになるかにもよりますが、パッと思い出せない場合もありますし、最初から核心に迫る質問は、急すぎて

相手が答えずらいときもあります。ですから、最初は雑談をしたり、外堀を埋めていくような軽い話をしていくといいでしょう。そして、会話が温まってきてリラックスしてきたときに、**「そもそも、なぜ、それを始めたのですか？」**と聞くのです。

ポイントは、「そもそも」を「なぜ？」「どうして？」の前につけることです。

「そもそも」は、話の原点に戻るときや、物事の発端となった理由を探る質問をするときに使えるフレーズです。「そもそも」を使えば、雑談からぐいっと方向転換し、話を深堀りすることができます。

「そもそも、なぜ、今の仕事を始めたきっかけは何だったのでしょう？」「そもそも、なぜ、このプロジェクトを立ち上げたのですか？」「そもそも、なぜ、このイベントを始めたのですか？」など、ぜひ使ってみてください。

話し方のポイント 5

▼「そもそも、なぜ」は話を過去から深掘りする質問、本題に切り込みたいときに使おう。

6 話を邪魔しない共感の合図は「黙ってゆっくり1回うなづく」

ここまでは、相づちのいくつかのパターンをご紹介してきましたが、相づちを挟むタイミングは実はちょっと、難しいのです。

私も新人時代のインタビューの仕事で、失敗したことがあります。話を盛上げようと「なるほど！」「そうですよね！」と元気に明るく相づちを打ち、インタビューは成功したかのように思いました。ですが、カメラマンから「お前の声がかぶってるぞ！　これじゃ使えない！」と、インタビューの撮り直しになってしまいました。

相手が気持ちよく話しているところに、相づちの言葉がかぶってしまうと話を邪魔することになってしまいます。せっかくの相づちも台無しですよね。

相づちを打ちたい場合は、話に句点（。）がついたら、ゴーサインです。

相手が「～なんですね。」と話し終わったあとは、息継ぎの時間です。この数秒を活かして、相づちを打つようにしてみてください。

そしてもうひとつ、言葉は出さずとも相手を認める、共感の合図があります。

それは、黙ってうなづくということ。

「うん、うん」とばかりに小刻みにうなずくのは、早く話を終えてほしいという風にもとらえられてしまいます。ですから、「黙って、ゆっくり、1回うなづく」ということです。これは「あなたの話を受け入れています」「共感しています」という意志を表現する、大変重みのあるうなづきです。

相手の話を真剣に聞いて、ここぞという一番の共感ポイントで使ってみましょう。

話し方のポイント 6

▼話に句点がついたら、相づちのタイミング。
▼要所で黙ってうなずくことも大事。

7 誉め言葉3つのS「すごい、さすが、素晴らしい」の頭には「〇〇さん」

短い時間でも、相手の信頼を得る方法があります。それは「相手をほめる」ということです。ほめられたら喜んで信頼してくれるのは当たり前と思われるかもしれませんが、ほめることで相手は自分が認められていることを実感するのです。決してバカにできるようなことではありません。

といってもただ、ほめればいいというわけではありません。口先だけでほめていると、「お世辞っぽいな」「うそっぽい」「軽薄な感じがする」と、相手に読まれてしまいます。

この場合、大切なのは相手に嘘っぽく思われないこと、つまりあなたが本当に賞賛したいことに絞ってほめることです。

そのためにも、**上手にほめるポイントは、相手をよく観察するということです。**会ったときの最初の瞬間から、そして会話をはじめてから、相手のいいところを探してみてください。

ほめるポイントは2つあります。

1―見えるものをほめる（持ち物、環境）

「○○さんって、男前ですよね！」
「○○さんって、美人ですよね！」
と見た目からほめるのは、相手によってはストレートすぎて、ほめ言葉として受け取ってもらえない場合もあります。

お勧めなのは、**相手の身の周りの物をほめるということです。**

たとえば、服装やカバンなどの持ち物、女性ならヘアメイク、ネイル、アクセサリーなどです。

この場合、いちばんほめやすいのは「色」です。

「パープルのネクタイ、お似合いです」
「スカーフのオレンジ、いい色ですね」
「水色のワンピース、爽やかですね」

といった具合です。身の周りの物そのものをほめるよりは、それらをいかにその人に似あっているかをほめたほうがいいので、色から入るほめ方がいちばん無理がありません。そして相手に好意が効果的に届くほめ方なのです。

他には、例えば会社を訪問したときには、「受付の方のご対応が大変、素晴らしいですね」「こちらの部屋からの眺め、最高にいいですね」など、環境をほめるのもいいでしょう。

会話の導入では、見えるものをほめる。そうすると、相手も笑顔で話をしてくれて、リラックスした場で会話をスタートすることができます。

2―見えないものをほめる(内面、価値観、考え方)

さらに相手との関係性を深めていくには、視覚的に見えるものばかりほめるのではなく、目には見えない相手の内面や価値観、考え方をほめることが大切です。「仕事に対する考え方、尊敬しています」「プロジェクトにかける思いに感動です」と、**その人自身の「あり方」をほめましょう。**

「とはいっても、特によく知らない初対面の人の内面をほめるなんで、難しいんじゃない?」と感じたあなたには、とっても簡単なほめフレーズをお教えします。

それは、「すごい」「さすが」「素晴らしい」の3つの「S」から始まるフレーズです。

それこそありふれたほめ言葉で、相手から軽くとられるんじゃないかと思われるかもしれませんが、こう言われて悪い気がする人はいません。いろいろな場面で使いやすく、どれも万能なほめフレーズです。

ただ、言い方によっては嘘っぽくとられてしまうこともあります。そこで一工夫。「○○さん」と相手の名前の呼びかけをプラスしてみましょう。例えば、

「中田さん、すごい！」
「さすがですね！　岡本さん」

という具合です。

相手の名前を呼ぶことだけでも、距離を縮め、安心感を与えることができます。

前述の「マズローの欲求5段階説」のひとつとして挙げたように、私たちはみな、自分を認められたいという承認欲求を持っているのです。

名前を呼びかけることで、他の誰でもない「あなた」がすごい、「あなた」が素晴らしい、というメッセージを送ることができます。

話し方のポイント 7

▼ほめるときは相手をよく観察してから。

▼「すごい」「さすが」「素晴らしい」の3つのSを使いこなそう。

8 アイコンタクトで伝える共感は「目を1・5倍に大きく見開く」

多くのアナウンサーは自分の出演した生放送のニュースや情報番組のオンエアーが終わるとその後、録画を見て、話し方や振る舞いなどのチェックをして、また次の放送に活かします。

あるとき、インタビュー録画を見て愕然としました。

私と取材相手である会の代表の方とのツーショットが画面に映っていたのですが、話を聴く私の目が笑っていないのです。一生懸命に話を聴いていたからなのですが、見た目の印象はちょっと怖い感じに見えていました。真剣さがアダとなっていたのですね。反省です。

「目は口ほどにものを言う」「目は心の窓」といったことわざもある通り、何も話さなかったとしても人の本心や感情がわかってしまうのが目元の表情です。

実は、相手の話をさえぎることなく「あなたに共感しています」を伝えるアイコンタクトの方法があります。

それは、**「目を1・5倍に大きく見開く」**ということです。

「おお、すごい！」「それは素晴らしい！」「なんと、驚きです！」などの共感の思いは、目を1・5倍見開くことで伝えることができます。

さらに最近では、マスクをつけるのが普通で口元が見えない場面も多く、目元の表情の重要性が高まってきています。ぜひ、鏡の前で練習してやってみてくださいね。

話し方のポイント 8

▼共感のメッセージは「目を大きく1・5倍に見開く」。
▼コロナ禍のコミュニケーションにも有効。

9 何度か聞いた話、知っている話でも「そうなんですね」と言う

会話をしている中で、「あれ、またこの前も同じ話を聴いたな？」と思うことはないでしょうか？

または、自分のほうがよく知っている話を相手が雄弁に語り始めたとき、あなたならどうしますか？

ここで「この前も同じ話、聴きましたよ」と無意識に言ってしまったり、「あ、それ、私、よく知っています。確か……」と相手の話をとってしまうような答え方をするのは避けたほうがいいでしょう。その一言で、気分良く話していた相手は会話に水を差されて一瞬止まってしまい、場合によっては機嫌を悪くしてしまいます。

自分もその話を知っている、もっと詳しい話を教えてあげるというつもりで話し

たとしても、相手は自分を否定されたような気持ちになってしまいます。

では、どうすればいいのか？

その解決法は「そうなんですね」と話を受け止めて、たとえ知っている話だとしても「自分も初めて聞く話」なんだというメッセージを相手に送ることです。

ここで重要なのは、**あなたがその話を知っているということではなく、相手がその話をあなたにしたいのだ**ということ。

それが何度も話したことがある内容であるとしても、相手はそれだけその話をしたいのです。それでコミュニケーションを円滑に進めたいなら、気分よく話をさせてあげたほうがいいのです。

ただ、もし多くの人から何度も同じ話をされるようなことがあるとしたら、あなたの聴き方がよくないということもあるかもしれません。積極的に聴いているという姿勢が見られないと、相手もあなたに伝わっているかどうかわからないし、結果として話をしたという印象が残らず、その後も無意識に同じ話を繰り返してしまうことになってしまいます。この場合は、うなづきや相づちを随所に入れるなどして、相手の話に積極的に聴きいる姿勢を示せていたかどうかを振り返ってみましょう。
また、自分のほうがよく話を知っているという場合も、最初はそれを表に出さず、まずは相手に話をさせてあげること。忘れていけないのは、私たちはみな、自分のことを話したいと思っているということです。
こんな会話、心当たりありませんか?

[例1]
A「この前、新しいパソコンを買ったんですよ」
B「私も新しく買い換えたいんですよね。今、どれにしようか悩んでいて!」

[例2]
A「プロジェクトの企画書に今、煮詰まっていているんですよね」
B「私も同じく今、煮詰まっている案件があるんです。もう、疲れちゃって」

このように、私たちは「相手の話を自分の話に変換してしまう」クセをもっているのです。どんなに相手の話に乗ってあげているつもりでも、これでは会話泥棒にしかなりません。

もちろん、相手から「……っていう話、知ってますか?」などと訊かれたら、自分の知っていることを話してもかまいません。それによって、話が通じやすいと、相手も安心するでしょうから。

話し方のポイント 9

▼すでに聴いた話でも「そうなんですね」から。
▼相手が気持ちよく話せるように心がけよう。

10 興味がない話こそ「姿勢は前のめり」になって聴く

ここだけの話ですが、会話をしていて「うーん、その話、興味ないんだけどな」と思うことはありませんか？　その興味のなさは、意外とすぐに相手にばれてしまうのです。無表情だったり、リアクションが薄かったりで、自然と態度に出てしまうからです。

私も実はこの「興味のない話を聴くということ」が、新人アナウンサー時代の悩みのひとつでした。

アナウンサーは多くの人たちにインタビューすることができる仕事です。だからこそ、中には自分が知らないことやあまり興味が持てない事柄でも、一生懸命話を聴かないといけません。それでも話に興味を持てないときは、表情などの雰囲気からすぐにばれてしまいます。

（本当に失礼ですが）あまり興味がないテーマのときは、相手からどのように話を聴きだせばいいのかと悩んでいた時期がありました。しかし、今になってようやくわかります。答えは、

「興味がない話だからこそ、前のめりになって話を聴く」

ということです。

要は、よく知らなかったり興味がないという事実を、ネガティブにとらえないということです。知らない世界の話だからこそ、新しい学びや気づきが得られるんだと視点を変えてみるのです。

「そういうものがあるんですね。ぜひ教えてください」
「それは知らなかったです。ぜひ、聞かせてください」

というように、相手に教えを乞うスタンスで話に耳を傾けるのです。そうすると、

相手のほうも喜んで話をしてくれます。

また、アナウンサーのインタビューのコツとしては、「相手の信念や価値観、行動のきっかけなど、〝あり方〟に焦点を置いて話を聴く」ということがあります。

私が在籍していた愛媛朝日テレビは、高校野球の季節になると局として総動員で、高校球児の取材や試合の放送業務にあたります。アナウンサーも、日々のニュース読みなどの高校野球関係の仕事が多くなります。

でも、大きな声では言えないのですが、私は野球にあまり興味がなく、ルールも今ひとつわからない。「え、なんでこれがアウトなの?」という疑問が頻出するレベルからのスタートだったので正直、最初のころの野球関係の仕事は辛かったです。でも、いつまでも苦手、わからないでは済まされない。

そんなふうに悩んでいた私に、あるカメラマンが一言いいました。

「お前が話を聴いているのは、人だろ。その人に興味持てよ」

なるほど、「野球=私は無知なので、あまり興味がない」という視点からなかなか逃れられなかったのですが、取材する選手や監督や関係者がなぜ野球にここまで情熱を持っているのか？　試合に向けてどんな気持ちなのか？　という興味が持てれば、それは野球の知識があろうがなかろうか関係なく、「人」に向けた取材ができるということです。

相手の信念や価値観、行動のきっかけを聞き出すと、私も楽しく興味をもって、彼らと話せるようになってきました。

今思えば、私は取材相手の共感ストーリーを引き出していたのです。いわゆる相手の過去の経験や思いを引き出せば、どんな相手にも興味がわき、共感できるのです。

話し方のポイント
10

▼興味がない話のときこそ、姿勢は前のめりに。
▼相手の「あり方」を引き出すことで、どんな相手にも興味がわく。

11 話が長い相手には「最後にひとつ、うかがいたいのですが」

楽しく話が弾み、会話がしながらお互いの信頼関係ができた。

ではそろそろ、会話を締めたいけれど相手の気分を害せず、楽しいままに会話を終わらせたいときにどうしたらいいのか？

その場合は、こちらのフレーズを使いましょう。


「最後にひとつ、うかがいたいのですが」


アナウンサー時代、何回となく使ったフレーズです。

これは相手に「そろそろこの会話も終わりですよ」という信号を与えつつ、同時に締めくくりとして気持ちよく決めの言葉を言う機会を与えるというテクニックです。

さりげなく会話の終わりをお伝えしつつ、でも、嫌味がないフレーズです。商談や会議やミーティングなどなど、あらゆる場で使えるのでひとつ、覚えておいてくださいね。

話し方のポイント 11

▼話の長い相手には「最後にひとつ、うかがいたいのですが」。
▼気持ちよく話を終えられるようにしよう。

おわりに

さあ、自分だけの共感ストーリーを語っていこう

「『選ばれる』がテーマでは本は出せないよ。なぜなら、似たようなテーマの本はいくらでもあるから」

ある出版塾の講師から言われた衝撃的な一言です。

手前味噌ですが、私は競争倍率1000倍以上と言われるアナウンサー試験で選ばれてきました。そして今はたった1社の企業、たった1人のビジネスパーソンとして選ばれる方法をご指導させて頂いています。

「……そんな私のこれまでやってきたこと、すべてが無意味だったの?」

その言葉をきっかけに、本を書くことにどんどん自信がなくなってしまいました。

結果、出版を諦めてしまいました。

その後、個人から法人化し、株式会社STORYを設立。

プレゼンテーションをはじめとする人材育成を行う一方、アナウンサー志望者向けのオンラインアナウンススクール事業もスタートさせました。

めまぐるしく3年が過ぎ、ホッと一息ついたとき。

「今一度、出版にチャレンジしたい」

記憶の底に深く沈めいていた思いがまた浮かび上がってきたのです。

そして、心に決めたのです。「今度こそ！　本を出す！」と。

そのとき「選ばれる人は共感ストーリーを語っている」をテーマに会社のホームページをリニューアルの準備をしていました。

そこで制作会社の方に、ひとつ新しいオーダーをしました。

「『書籍』というページをつくってください。」

もちろん、まだ1冊も本は出していません。未来の先取りです。

何もない真っ白い書籍というページに、何冊も私の本がずらりと並ぶイメージに心踊らせました。

そうしたら、来たのです！

何が？　なんと、出版オファーです！

書籍ページをつくってくださいとオーダーをしてから1ヶ月も経たないうちにです。それもホームページは制作中ですから、まだ公には誰にも見ることができない状態にもかかわらず、です。

まさに嬉し驚きで、これが「引き寄せの法則」というものかと思いました。

ただ、先方の要望は「『共感ストーリー』メソッドで、就職活動本を書いてもらいたい」というオファー。ビジネスパーソン向けに書きたいと思っていた私としては悩みました。

答えは保留していたのですが、やはり共感ストーリーはこれからの時代に必要なプレゼン手法であるということ。選ばれるにはスゴさではなく、「あり方」が大事なんだと、さらに自分の中で揺るぎない自信が沸きあがっていくのを感じました。

その自信が後押ししたのか、その後、1ヶ月経たずにしてスタンダーズ社とご縁をいただき、ビジネスパーソン向けのこの本が出版する運びとなったのです。

企画通過がはっきりわかったのは、12月25日のクリスマス。サンタさんからのクリスマスプレゼントですね。

結果、「今度こそ！　本を出す！」とリベンジすると決めてから90日で出版が決まりました！


私がこの本を出せた理由。

それはやっぱり、出すと「決めた」ということ。

そこからすべて、ご縁や時流、タイミングがつながっていきました。

＊＊＊＊＊＊＊＊＊＊＊＊＊＊＊＊＊＊＊

……という、以上、本書の出版をめぐる共感ストーリーでした。

「まさかそんな、引き寄せがあるなんて！」と驚いていただけましたか？

人の心をギュッとつかむ共感ストーリーには、過去の失敗や挫折の経験は、逆に耳を傾けたくなる要素になります。

私の場合だと出版塾の講師からの一言で、一度、出版を諦めたというくだりです。あの時は、正直悲しかったし、辛かったですが、それが今は本のあとがきで披露できる共感ストーリーの話の内容（ネタ）になっているのです。

共感ストーリーの文脈の中であれば、今までの失敗は失敗ではなくなります。自分の中では心のストレスになっていたことが、他の誰かを感動させたり、元気にさせたり、やる気にさせたりすることができるのです。

今となっては私に苦言を呈してくださった出版塾の講師の方に感謝の気持ちでいっぱいです。

そして今回の出版には、引き寄せだけではなく、本当に多くの方にご尽力をいただきました。この本が書けたのは、一緒に共感ストーリーをつくり上げた企業研修や講座受講生の皆様のおかげです。

共感ストーリーを通じて、「テレビや新聞の取材を受けました」「売り込むことなく、お客様からご依頼をいただきました」「社員と思いを共有し、細かな指示がいらなくなってきたことで生産性が上がりました」「自分の強みがわかり、自信が持てるようになりました」など、嬉しい報告をたくさんいただいています。

受講生一人ひとりの人生が変わり、ステージアップしていく。そんな価値ある瞬間に関われたことに、本当に感謝いっぱいです。

そしてこの本をまとめていただいたスタンダーズ社の河田周平様をはじめ、(株)インプルーブの小山睦男様、一般社団法人褒め言葉カード協会・代表理事の藤崎徳朗様、本当にありがとうございました。90日で出版が決まったのはお三方との出会いのおかげです。

また、私の軸をいつも整えてくださる(株)ミュゼ代表取締役の齋藤直美様。2人で飲みながら、「選ばれる人になる」をもっと打ち出していこう! と決めたら出版オファーがあったというミラクル!

経営コンサルタントの中井隆栄先生には、私のクライアント様への熱い思いを引き出していただき、さらに揺るぎない自信をもって執筆することができました。

また、マインド面では、Ｓｉｎｓōカウンセラーの ＭＩＷＡさんにもたくさんのアドバイスをいただき、支えてもらいました。

この場をお借りして、心からの感謝を申し上げます。
そして、この本を手に取ってくださったあなたへ。
最後までお読みいただき、ありがとうございました。
さあ、失敗を恐れないで。
ぜひ、あなただけの共感ストーリーを語ってください。
あなたの過去の経験と心の奥に眠っていた熱い思いを語れば語るほど、
あなたはさらに好かれて、選ばれる。
そして、豊かな人生を送ることができます。

この本があなたの人生に彩りを添えることができたら嬉しいです。
あなたの共感ストーリーを直接、お聴かせ頂く日を楽しみにしております。

2021年5月　松下公子

あなたの強みと個性を生かした共感ストーリーがわかる

無料診断のお知らせ

話し方伝え方のタイプは「ロジカル」「パッション」「スピーディー」「フレンドリー」の4つがあると言われています。

あなたのタイプの「強み」と「弱み」を知り、強みだけではなく、弱みをも活かして伝える方法、さらにどんな話をしたら相手の心を動かし、行動させることができるのか?

こちらから、あなたのタイプを診断することができます。

共感ストーリー話し方無料診断

https://story-office.com/check/

また、大事な場面で選ばれたい方や人前で話すことが苦手な方に向けて、この本の感想を

「#選ばれる話し方」

をつけて、TwitterやInstagram、Facebookなどでシェアしていただけましたら嬉しいです。私から直接、コメントすることもあるかと思います。

読者の皆様へ、感謝を込めて

松下公子
Kimiko Matsusita

スピーチコンサルタント／アナウンサー。(株)STORY 代表取締役。

1973年、茨城県鹿嶋市生まれ。佐渡ケーブルテレビ、愛媛朝日テレビ、ラジオNIKKEI、名古屋テレビ(メ〜テレ)などで、20年に渡りアナウンサーを経験。のべ1万人に話し方の指導をしている。

2010年、話し方・プレゼン講師として起業し、2011年からは「アナウンサー内定コーチ」としてオンラインアナウンススクールを開講。NHKキャスターをはじめ、フジテレビ、日本テレビ、TBS、テレビ朝日など地方民放局アナウンサーの内定者を多く輩出。現役アナウンサーにも指導をしている。

2019年、株式会社STORYを設立。「たった1人」に選ばれるためのプレゼン手法「共感ストーリー」をベースに、経営者をはじめとするビジネスパーソンに話し方、伝え方の指導をしている他、企業研修、講演を行っている。

●株式会社STORYオフィシャルサイト
https://story-office.com/

◎「共感ストーリー」は(株)STORYの登録商標です。

書籍コーディネート	小山睦男(インプルーブ)
カバーデザイン	岩本 巧(TwoThree)
本文デザイン	藤 星夏、髙橋美緒(ともにTwoThree)
カバーイラスト	児島衣里
本文イラスト	津久井直美

しゃべりは下手でいい！「共感ストーリー」が心を動かす
「たった1人」に選ばれる話し方

2021年5月31日　初版第1刷発行

著　者　松下公子
編集人　河田周平
発行人　佐藤孔建
印刷所　中央精版印刷株式会社
発　行　スタンダーズ・プレス株式会社
発　売　スタンダーズ株式会社
〒160-0008
東京都新宿区四谷三栄町12-4 竹田ビル3F
営業部　Tel.03-6380-6132　Fax.03-6380-6136